Klausurtraining

Joseph Roth

Hiob

Von Willibert Kempen

Ernst Klett Verlag
Stuttgart · Leipzig

Zitate im Text beziehen sich auf folgende Ausgabe:
Joseph Roth: Hiob.
Roman eines einfachen Mannes.
Text mit Materialien.
Ausgewählt von Stefan Schäfer.
Klett Editionen für den Literaturunterricht.
Ernst Klett Verlag, Stuttgart/Leipzig 2010.
ISBN 978-3-12-352426-4

Verfasser der Seiten 45–48 (Epische Grundbegriffe):
Jörg Ulrich Meyer-Bothling

1. Auflage 1 5 4 3 2 1 | 16 15 14 13 12

Alle Drucke dieser Auflage sind unverändert und können im Unterricht nebeneinander benutzt werden.
Die letzte Zahl bezeichnet das Jahr dieses Druckes.

Redaktion: Pia Elfert, Leipzig; Ursula Schwarz
Herstellung: Carina Riehl
Layoutkonzeption: Kai Twelbeck, Stuttgart
Umschlaggestaltung: Projektteam des Verlages auf Grundlage der Gestaltungskonzeption Petra Michel, Bamberg
Umschlaggrafik: einzigwahres – Anika Marquardsen, Berlin
Satz: Marion Rackwitz, Paulinenaue
Reproduktion: Meyle + Müller Medien-Management, Pforzheim
Druck: AZ Druck und Datentechnik GmbH, Kempten/Allgäu

Printed in Germany
ISBN 978-3-12-352475-2

9 783123 524752

Liebe Schülerinnen und Schüler,

das vorliegende Heft bietet ein Intensivprogramm für alle, die sich schnell, aber gründlich auf eine Klausur zu Joseph Roths Roman „Hiob" vorbereiten möchten – sei es nun eine Klausur im laufenden Schuljahr oder die Abiturprüfung.
Im Unterschied zu anderen Übungsheften konzentriert sich Klausurtraining „Hiob" auf eine der „Pflichtlektüren" des Zentralabiturs in Nordrhein-Westfalen und trainiert anhand von Roths Roman zwei mögliche Aufgabentypen, die im Abitur des Landes Nordrhein-Westfalen vorkommen können:

- Analyse eines literarischen Textes mit weiterführendem Schreibauftrag
- Analyse eines Sachtextes mit weiterführendem Schreibauftrag

Das Heft ist in drei Teile gegliedert:

Teil I: Klausurtraining (S. 4)
Zwei Aufgabenarten werden schrittweise und systematisch anhand von drei Beispielklausuren erarbeitet. Jeder Durchgang durch eine Klausur ist in sich abgeschlossen und kann gesondert durchlaufen werden. Die Erarbeitung der drei Klausuren erfolgt in jeweils sechs Arbeitsschritten. Mögliche Arbeitsergebnisse der einzelnen Arbeitsschritte und ihrer Teilschritte erscheinen im Heft farbig unterlegt – als Hinweis für Sie, wie Ihre Aufzeichnungen und Notizen aussehen könnten.

Teil II: Analyse/Interpretation (S. 31)
Dieser Teil enthält eine knappe, auf die wesentlichen Aspekte konzentrierte Interpretation des Romans „Hiob". Sie ist systematisch nach den Aspekten gegliedert, die für die Erschließung epischer Texte von Bedeutung sind. Hier können Sie Ihre Kenntnisse des Romans auffrischen und sich noch einmal über die Interpretationsergebnisse informieren, die für die Bearbeitung von (Abitur-)Klausuren unentbehrlich sind. Am Ende eines jeden größeren Abschnittes sind die wichtigsten Inhalte zusammengefasst – ideal zum raschen Wiederholen.

Teil III: Zum Umgang mit epischen Texten (S. 43)
Die letzten Seiten sind zum Heraustrennen und Falten gedacht – für das Lernen unterwegs. Hier können Sie noch einmal das Wichtigste zum Roman in aller Kürze sowie die bei der Interpretation von epischen Texten nötigen Grundbegriffe der Textanalyse nachschlagen.

Zum Schluss wünschen wir Ihnen gutes Gelingen bei der Arbeit mit diesem Heft sowie bei Ihren Klausuren und in der Abiturprüfung viel Erfolg!

Willibert Kempen

Musterklausur 1

Joseph Roth: Hiob (1930; Auszug)

Mit ihrem Vater zugleich verließ Mirjam im gelben[1] Schal das Haus und begab sich zu den Nachbarn.

Es war die erste Woche im Monat Ab[2]. Die Juden versammelten sich nach dem Gebet, um den Neumond[3] zu begrüßen, und weil die Nacht angenehm war und ein Labsal nach dem heißen Tage, folgten sie ihren gläubigen Herzen williger als gewöhnlich und dem Gebot Gottes, die Wiedergeburt des Mondes auf einem freien Platz zu begrüßen, über dem sich der Himmel weiter umfangreicher wölbte als über den engen Gassen des Städtchens. Und sie hasteten stumm und schwarz, in regellosen Grüppchen, hinter die Häuser, sahen in der Ferne den Wald, der schwarz und schweigsam war wie sie, aber ewig in seinem verwurzelten Bestand, sahen die Schleier der Nacht über den weiten Feldern und blieben schließlich stehn. Sie blickten zum Himmel und suchten das gekrümmte Silber des neuen Gestirns, das heute noch einmal geboren wurde, wie am Tage seiner Erschaffung. Sie schlossen sich zu einer dichten Gruppe, schlugen die Gebetbücher auf, weiß schimmerten die Seiten, schwarz starrten die eckigen Buchstaben vor ihren Augen in der nächtlichen bläulichen Klarheit, und sie begannen, den Gruß an den Mond zu murmeln und die Oberkörper hin und her zu wiegen, dass sie aussahen wie von einem unsichtbaren Sturm gerüttelt. Immer schneller wiegten sie sich, immer lauter beteten sie, mit kriegerischem Mut warfen sie zu dem fernen Himmel ihre unheimischen Worte. Fremd war ihnen die Erde, auf der sie standen, feindlich der Wald, der ihnen entgegenstarrte, gehässig das Kläffen der Hunde, deren misstrauisches Gehör sie geweckt hatten, und vertraut nur der Mond, der heute in dieser Welt geboren wurde wie im Lande der Väter[4], und der Herr, der überall wachte, daheim und in der Verbannung[5].

Mit einem lauten „Amen“ beschlossen sie den Segen, reichten einander die Hände und wünschten sich einen glücklichen Monat, Gedeih den Geschäften und Gesundheit den Kranken. Sie zerteilten sich, liefen einzeln nach Haus, verschwanden in den Gässchen hinter den kleinen Türen ihrer schiefen Hütten. Nur ein Jude blieb zurück, Mendel Singer.

Seine Gefährten mochten sich erst vor wenigen Minuten verabschiedet haben, aber ihm war, als stünde er schon seit einer Stunde da. Er atmete die ungestörte Ruhe der Freiheit, machte ein paar Schritte, fühlte sich matt, bekam Lust, sich auf den Boden zu legen, und hatte Angst vor der unbekannten Erde und dem gefahrvollen Gewürm, das sie höchstwahrscheinlich beherbergte. Sein verlorener Sohn Jonas kam ihm in den Sinn. Jonas schlief jetzt in einer Kaserne, auf dem Heu, in einem Stall, vielleicht neben Pferden. Sein Sohn Schemarjah lebte jenseits des Wassers: Wer war weiter, Jonas oder Schemarjah? Deborah hatte daheim schon die Dollars vergraben, und Mirjam erzählte jetzt den Nachbarn die Geschichte von dem Besuch des Amerikaners.

Die junge Mondsichel verbreitete bereits einen starken silbernen Glanz, treu begleitet von dem hellsten Stern des Himmels glitt sie durch die Nacht. Manchmal heulten die Hunde und erschreckten Mendel. Sie zerrissen den Frieden der Erde und vergrößerten Mendel Singers Unruhe. Obwohl er kaum fünf Minuten von den Häusern des Städtchens entfernt war, kam er sich unendlich weit von der bewohnten Welt der Juden vor, unsagbar einsam, von Gefahren bedroht und dennoch außerstande, zurückzugehen. Er wandte sich nach Norden: da atmete finster der Wald. Rechts dehnten sich viele Werst weit die Sümpfe mit den vereinzelten silbernen Weiden. Links lagen die Felder mit den opalenen Schleiern. Manchmal glaubte Mendel einen Laut aus unbestimmbarer Richtung zu vernehmen. Er hörte bekannte Leute reden, und es war ihm, als ob er sie verstünde. Dann erinnerte er sich, dass er diese Reden schon längst gehört hatte. Er begriff, dass er sie jetzt nur noch einmal vernahm, lediglich ihr Echo, das so lange in seinem Gedächtnis gewartet hatte. Auf einmal rauschte es links im Getreide, obwohl sich kein Wind erhoben hatte. Es rauschte immer näher, jetzt konnte Mendel auch sehn, wie sich die mannshohen

Ähren bewegten, zwischen ihnen musste ein Mensch schleichen, wenn nicht ein riesiges Tier, ein Ungetüm. Davonlaufen wäre wohl richtig gewesen, aber Mendel wartete und bereitete sich auf den Tod vor. Ein Bauer oder ein Soldat würde jetzt aus dem Korn treten, Mendel des Diebstahls bezichtigen und auf der Stelle erschlagen – mit einem Stein vielleicht. Es könnte auch ein Landstreicher sein, ein Mörder, ein Verbrecher, der nicht belauscht und nicht beobachtet sein wollte. „Heiliger Gott!“, flüsterte Mendel. Da hörte er Stimmen. Es waren zwei, die durch das Getreide gingen, und dass es nicht einer war, beruhigte den Juden, obwohl er sich gleichzeitig sagte, dass es eben zwei Mörder sein dürften. Nein, es waren keine Mörder, es war ein Liebespaar. Eine Mädchenstimme sprach, ein Mann lachte. Auch Liebespaare konnten gefährlich werden, es gab manche Beispiele dafür, dass ein Mann rasend wurde, wenn er einen Zeugen seiner Liebe ergriff. Bald mussten die beiden aus dem Felde treten. Mendel Singer überwand seinen furchtbaren Ekel vor dem Gewürm der Erde und legte sich sachte hin, den Blick auf das Getreide gerichtet. Da teilten sich die Ähren, der Mann trat zuerst hervor, ein Mann in Uniform, ein Soldat mit dunkelblauer Mütze, gestiefelt und gespornt, das Metall blinkte und klingelte leise. Hinter ihm leuchtete ein gelber Schal auf, ein gelber Schal, ein gelber Schal. Eine Stimme erklang, die Stimme des Mädchens. Der Soldat wandte sich um, legte seinen Arm um ihre Schultern, jetzt öffnete sich der Schal, der Soldat ging hinter dem Mädchen, die Hände hielt er an ihrer Brust, eingebettet in den Soldaten ging das Mädchen.

Mendel schloss die Augen und ließ das Unglück im Finstern vorbeigehen.

Aus: Joseph Roth, *Hiob*, Klett-Editionen, Stuttgart/Leipzig 2010, S. 46–49

Worterklärungen: 1 gelb – wird häufig als Farbe der Sünde gesehen; 2 Ab, (zumeist Aw) – Sommermonat, ca. August; 3 Neumond – Feiertag der Juden, an dem man gewissermaßen auch sein Leben wieder von vorn beginnt und neu ordnet; 4 Land der Väter – gemeint ist das Land der Erzväter des Judentums (Abraham, Isaak und Jakob), die das Judentum begründet haben; 5 Verbannung – hier ist wohl auf das babylonische Exil rd. 600 Jahre vor Chr. angespielt.

Aufgabenstellung:

1. Analysieren Sie den Auszug aus Josephs Roths Roman „Hiob“. Beachten Sie dabei besonders, wie der Erzähler den Protagonisten Mendel Singer in seinem Lebensraum darstellt.
2. Überprüfen Sie, inwieweit sich die Aussage des Religionsphilosophen Joshua Heschels (1907–1972) auf die Darstellung Mendel Singers in der vorliegenden Textstelle und im Roman beziehen lässt.
   „Die Juden Osteuropas lebten mehr in der Zeit als im Raum. Es war, als sei ihre Seele immer unterwegs, als ob ihr innerstes Herz keine Beziehung zu den Dingen hätte.“
   Zitiert nach: Andrea Ehrlich, *Das Schtetl*, Klett-Editonen Joseph Roth „Hiob“, Materialienteil S. 167

1. Erstes Überfliegen des Textes – Aufgabenstellung erfassen

→ 2. → 3. → 4. → 5. → 6.

Überfliegen Sie den Romanauszug, und versuchen Sie, sich einen ersten Eindruck vom Text zu verschaffen:

Wer	►	zentrale Figur
denkt nach/ erlebt	►	Darstellungsform/Erzählweise
in welcher Situation	►	Ort, Zeit, Handlung
worüber/was	►	Themen
an wen gerichtet?	►	Adressat

Formulieren Sie anschließend eine oder mehrere Verstehenshypothesen zum (oder auch Fragen an den) Text.

- Im Zentrum des Auszuges steht der Protagonist Mendel Singer, der in zwei verschiedenen Situationen dargestellt wird: a) Zuerst übt er zusammen mit anderen Juden ein Glaubensritual aus, das ihm Halt gibt. b) Dann entdeckt er seine Tochter, die sich mit einem russischen Soldaten eingelassen hat.
- Diese beiden zentralen Situationen sind unterschiedlich erzählt: a) auktorial, b) personal.
- Es stellt sich die Frage, welchen inneren Zusammenhang es zwischen diesen beiden Situationen gibt und was sie für Mendels „Weltbild" bedeuten.
- Eine erste möglich Antwort könnte sein: Die ostjüdische Schtetl-Welt ist (für Mendel) brüchig geworden.

Lesen Sie nun die Aufgabenstellung genau durch. Achten Sie dabei vor allem auf die Arbeitsanweisungen (Operatoren).

Die vorliegende Aufgabe gehört zur **Aufgabenart II**, und zwar hier **Typ A**, der so definiert ist: *Analyse eines literarischen Textes mit weiterführendem Schreibauftrag*. Das heißt, in der zweiten Teilaufgabe wird die erste weitergeführt. Beide Teilaufgaben hängen also inhaltlich/thematisch eng zusammen, was Sie bei der Planung berücksichtigen sollten.
Die **erste Teilaufgabe** verlangt eine Analyse mit einer besonderen **Schwerpunktsetzung**. D.h. das, was der übergeordnete Operator „analysieren" verlangt (Texterfassung, Textbeschreibung, Textdeutung), ist vor allem über die Erzählhaltung zu erschließen. Der Ort des Geschehens, die Figur(en) in ihrer Konstellation, ihre Gedanken, die sprachliche Darstellung des Erzählten im Zusammenspiel mit der inhaltlichen Bedeutung sind über die Erzählweise zu analysieren. Zudem erfordert eine Analyse immer, den vorliegenden Textauszug in den Kontext des Erzählgeschehens und dessen historische Bedingungen zu stellen. Auch bei einer Analyse mit Schwerpunktsetzung ist eine „Vollständigkeit" nicht möglich, es kann nur um eine sinnvolle, argumentativ überzeugende und in sich abgerundete Arbeit gehen.
Die **zweite Teilaufgabe** baut auf den Analyseergebnissen der ersten Teilaufgabe auf. Hier gilt es, diese in einen weiteren, allgemeingültigen Kontext zu stellen. Der Operator „überprüfen" verlangt, die hier vorliegende These auf ihre Angemessenheit hin zu untersuchen und dabei zu begründeten Ergebnissen zu kommen.

In der Gewichtung ist die erste Teilaufgabe bedeutender als die zweite (etwa drei Viertel zu ein Viertel). Im Abitur würde das über die Punktzahl, die hinter der einzelnen Teilaufgabe steht, deutlich.

1. → **2. Text aspektorientiert erschließen** → **3.** → **4.** → **5.** → **6.**

Teilschritt: Inhalt sichern (→ 1. Teilaufgabe)

Lesen Sie den Romanauszug mehrfach genau durch, und gliedern Sie ihn in Sinnabschnitte. Formulieren Sie eine Überschrift für jeden Abschnitt (Konspektmethode).

- Eine solche Inhaltsübersicht erleichtert den Zugang zum Text, da durch die Verkürzung zunächst auf alle stilistischen und rhetorischen Mittel verzichtet wird.
- Sie dient einer schnelleren Orientierung.
- Sie hilft beim Schreiben, da sie Formulierungen vorgibt, die bei der Textbeschreibung wieder aufgenommen und miteinander verknüpft werden können.

1. Abschnitt (Z. 1–2): Mendel und seine Tochter „Mirjam im gelben Schal" verlassen (abends) gleichzeitig das Haus, haben aber nicht dasselbe Ziel. (Information des Erzählers)
2. Abschnitt (Z. 3–21): Die Juden des Dorfes, darunter auch Mendel, treffen sich außerhalb des Ortes zum gemeinsamen Glaubensritual (Begrüßung des Neumonds). (Blick des auktorialen Erzählers)
3. Abschnitt (Z. 22–25): Nach dem Gebet zerstreut sich die Gruppe. Mendel bleibt allein zurück.
4. Abschnitt (Z. 26–33): Mendel denkt an seine Familie, die beiden Söhne, die der Familie verloren gegangen sind, und an seine Frau, die für die Auswanderung nach Amerika spart. (Wechsel von der auktorialen zur personalen Erzählperspektive)
5. Abschnitt (Z. 34–64): Mendel fühlt sich einsam und bedroht. Seine Furcht steigert sich in ihm zu lebensbedrohlicher Angst, bis er den Soldaten und das Mädchen im gelben Schal(!) sieht.
6. Abschnitt (Z. 65): Mendel erkennt die Bedeutung des Gesehenen.

Teilschritt: Handlungszusammenhang klären (→ 1. Teilaufgabe)

In diesem Teilschritt ordnen Sie den vorliegenden Auszug in den thematischen Zusammenhang des Romans ein. Hier gilt es auch – mit Blick auf die Entstehungszeit – zentrale Konflikte und Probleme zu benennen. Es geht hier nicht darum, die Handlung nachzuerzählen.

Was sind die Themen des Romans? In welchem Zusammenhang stehen sie zum vorliegenden Romanauszug? Welche grundlegenden Konflikte werden thematisiert?

Zentrale Themen und Konflikte des Romans:

- Der Roman schildert das Leben in einem osteuropäischen Schtetl Anfang des 20. Jahrhunderts. Die ärmlichen Lebensverhältnisse werden für die Bewohner kompensiert durch die Bindungen an Familie, Mitbewohner und eine feste Glaubenszuversicht.
- Die bisher festgefügte Welt des Schtetls ist allerdings dabei, sich aufzulösen. Der Glaube bietet Mendel und seinen Mitbewohnern nicht mehr die feste Orientierung wie zuvor. Die Repressalien der russischen Machthaber verstärken sich (Pogrome, Einzug zum Wehrdienst), die gläubigen Juden versuchen, sich durch Auswanderung nach Amerika diesen Entwicklungen zu entziehen, können aber den Zerfall der Schtetl-Welt nicht verhindern.

Zentrale Konflikte/Probleme des Textauszugs:

- Dieser Zerfall spiegelt sich im Zerfall der Familie Mendels: Sein ältester Sohn Jonas ist russischer Soldat geworden, sein Sohn Schemarjah nach Amerika ausgewandert; Mendels Frau spart Geld für die Überfahrt nach Amerika, und auch seine Tochter Mirjam geht ihre eigenen Wege.

Teilschritt: Figurendarstellung untersuchen (→ 1. Teilaufgabe)

In diesem Romanauszug rückt der Erzähler den Protagonisten Mendel Singer mit seinen Gefühlen, Gedanken und Einstellungen ins Zentrum des Geschehens. Um dem Leser diese fragile Befindlichkeit Mendels aufzuzeigen, stellt der Erzähler zwei Lebenssituationen Mendels kontrastiv hintereinander. Diese erzähltechnische Komposition gilt es zu analysieren, um darüber herauszuarbeiten, wie der Erzähler den Protagonisten Mendel Singer seinen Platz in der Welt beurteilen lässt und welches Bild darüber dem Leser vermittelt wird. Mit dem fokussierenden Blick auf die Erzählhaltung und ihre mögliche Wirkung auf den Leser verdeutlichen Sie die Funktion des Erzählverhaltens.

Wie geht der Erzähler vor, um Mendel Singers Sicht auf die Welt und dessen Situation darzustellen?

Erzählweise:

- Die Information des auktorialen Erzählers („Mirjam im gelben Schal", Z.1) deutet voraus auf nicht konformes Verhalten Mirjams. Am gelben Schal, dreimal genannt (Z.61), erkennt Mendel am Schluss seine Tochter.
- Aber zunächst konzentriert sich der auktoriale Erzähler auf die Gruppe der Juden, die in einem Ritual den Neumond begrüßen (Z.3-21). Mendel ist nicht explizit herausgehoben. Das Ritual wird mythisch überhöht dargestellt, ein Zeichen der Zusammengehörigkeit im Glauben: Begrüßung des Neumondes als möglicher Neuanfang eines Lebensabschnitts, Erinnerung an die Erschaffung der Welt (vgl. Z.12), das Land der Väter (vgl. Z.20) und die Verbannung (vgl. Z.21), Hoffnung auf einen Neubeginn. Die Darstellung des Rituals ist gekennzeichnet durch kontrastive Gegenüberstellungen des Erzählers: vertrautes, ruhiges Ereignis der Nacht ↔ Verhalten der Juden, die „hasteten" „in regellosen Grüppchen" (Z.7f.); „fremd war ihnen die Erde" (Z.17f.) ↔ „vertraut nur der Mond" (Z.19) usw. Die vermeintliche Glaubenssicherheit erweist sich als trügerisch.
- Die Geschlossenheit der Gläubigen dauert nur für den Moment des Gebets, danach „zerteilten" (Z.24) sie sich; Mendel bleibt allein in der Nacht zurück(Z.25).
- Danach konzentriert sich der Erzähler auf Mendel und wechselt in die personale Erzählweise. Die ambivalente, kontrastive Darstellung bleibt, jetzt aber bezogen auf Mendels Empfindungen (Z.26-33): Er atmet „die ungestörte Ruhe der Freiheit" (Z.27) - hat „Angst vor der unbekannten Erde und dem gefahrvollen Gewürm" (Z.28f); Gedanken Mendels an seine Familie deuten den Zerfall an.
- Dieser Zerfall konkretisiert sich im letzten Abschnitt (Z.34-64) und wird durch den personalen Erzähler steigernd und spannungsreich, teilweise szenisch/zeitdeckend gestaltet. Mit der unmittelbaren Darstellung von Mendels Sinneswahrnehmung gibt der Erzähler dem Leser die Möglichkeit, dessen Bedrohung mitzuempfinden: „Er wandte sich nach Norden ..." (Z.39), „Rechts dehnten sich ..." (Z.40), „Links lagen (Z.41), „Manchmal glaubte Mendel ..." (Z.41). Mit Blick auf Bewegungen im Ährenfeld bereitet sich Mendel „auf den Tod vor" (Z.49), „auf der Stelle [von einem Bauern oder Soldaten] erschlagen - mit einem Stein vielleicht." (Z.50). Auch als er erkennt, dass es sich um ein Liebespaar handelt, fühlt Mendel sich noch bedroht (vgl. Z.55). Schließlich - auf dem Boden liegend - sieht Mendel einen Soldaten und - bevor das Mädchen kommt - einen gelben Schal(3x genannt!).
- Der Erzähler nennt den Namen des Mädchens nicht, belässt es bei dieser überdeutlichen Anspielung auf Mirjam. Der Schlusssatz des (wieder auktorialen) Erzählers und der Kontext lassen aber keinen Zweifel.

Fazit:

Durch die beiden hier im Zentrum stehenden Situationen (Abschnitt 2 und 5) verdeutlicht der Erzähler, wie bedroht Mendels Schtetl-Welt ist. In ihrer Religion finden die Juden nur noch vermeintlich Halt (Abschnitt 2). Aber auch Mendels private Welt/Orientierung bricht auseinander. Die vom personalen Erzähler so gestaltete und von Mendel so empfundene Situation vor dem nächtlichen Ährenfeld ist zunächst für Mendel „nur" physisch lebensbedrohlich; sie erweist sich aber schließlich als eine existenziell bedrohliche Situation, die die Lebenswelt Mendels tief erschüttert.

Wirkung auf den Leser:

Durch die scheinbar zufällig nebeneinandergestellten (Lebens-)Situationen von Mendel Singer bekommt der Leser einen Einblick in dessen zunehmende innere Verunsicherung. Die personale Erzählweise macht es dem Leser leicht, sich mit Mendel zu identifizieren.

Vervollständigen Sie die Beispiele zur Erzählhaltung und zu der damit verbundenen Wirkung auf den Leser.

Teilschritt: Zeit- und Raumgestaltung untersuchen (→ 1. Teilaufgabe)

Die Zeit- und Raumgestaltung steht in enger Beziehung zur Erzählweise, wie im letzten Teilschritt schon angedeutet. Über die Gestaltung dieser Aspekte ist es dem Erzähler möglich, die Wirkung der beiden zentralen Erlebnisse auf den Protagonisten Mendel (und auf den Leser) zu verdeutlichen.

Erarbeiten Sie die Bedeutung der Zeit- und Raumgestaltung für die vorliegende Textstelle.

Bedeutung der Zeit:

- **Tageszeit:** Die warme, klare Sommernacht und der Neumond bieten einerseits den Rahmen für die Ausübung des o.g. religiösen Rituals, andererseits die Möglichkeit für eine Liebesnacht im Ährenfeld.
- Beides ereignet sich parallel; Mendel und Mirjam verlassen „zugleich" (Z.1) das Haus.
- **Handlungszeit:** Der (Werte-)Zerfall der Familie Mendel Singers und des jüdischen Lebens im Schtetl hat schon eingesetzt und wird durch die Ereignisse nur verstärkend belegt.
- Versucht man das literarische Geschehen realhistorisch zu verorten, so befinden wir uns zu Beginn des 20.Jahrhunderts.

Bedeutung der Orte:

- Der übergeordnete zentrale Ort ist die kleine, ärmliche, aber Halt und Heimat gebende Welt des Schtetls, das allerdings kurz vor dem Zerfall steht (Zerfall der jüdischen Glaubensgemeinschaft, Zerfall der Familie etc.).
- Konkretisiert wird dieser Zerfall im dem Mondritual „auf einem freien Platz" (Z.6), also einem „ortlosen Ort"; durch die Hinwendung zum Mond wird der gesamte irdische Bereich ihnen nicht nur „fremd" (Z.17), sondern „feindlich" (Z.18).
- Als seine Glaubensgenossen verschwunden sind, kommt Mendel sich „unsagbar einsam" (Z.38) vor. Der Ort erscheint ihm voller Gefahren.
- Diese feindliche irdische Welt konzentriert sich schließlich auf das Ährenfeld, das Mendels Tochter Mirjam nutzt, um sich mit einem russischen Soldaten zu vergnügen.

Fazit:

Die Darstellung von Zeit und Raum hebt die thematischen Schwerpunkte der Textstelle hervor.

Teilschritt: Sprachliche Gestaltung untersuchen (→ 1. Teilaufgabe)

Die sprachliche Gestaltung des Erzählten wird hier – wie alle anderen Teilschritte auch – isoliert betrachtet. In der Klausur sollte dieser Aspekt in jedem Fall mit den anderen Teilschritten verknüpft werden, um der Gefahr zu entgehen, die Sprachbetrachtung an die Analyse „anzuhängen". Es reicht auch nicht, die sprachliche Beobachtung nur zu benennen, sondern sie muss jeweils in ihrer Funktion gedeutet werden.

Nennen Sie charakteristische sprachliche Mittel des Erzählers und analysieren Sie deren Bedeutung.

Sprachliche Beobachtung	*Funktion im Kontext*
Wiederholung: Mirjams „gelber Schal" (Z.1) wird zum Ende der Textstelle erneut dreimal (Z.61) erwähnt, ohne ihn aber nochmals unmittelbar mit Mirjam in Verbindung zu bringen.	Kompositorisches Mittel des Erzählers, um die Situation einzuleiten und abzurunden. Es ist die Aufgabe des (aufmerksamen) Lesers am Ende in dem Mädchen mit dem gelben Schal Mirjam zu sehen.

Kontrastive Gegenüberstellungen, z.B.: „fremd war ihnen die Erde" (Z.17f.) – „vertraut nur der Mond" (Z.19) usw. Kontrastive Gegenüberstellung der beiden zentralen Situationen: Während Mendel betet, vergnügt sich seine Tochter mit einem Soldaten im Ährenfeld.	In den Kontrasten zeigt sich für den Leser (und für Mendel?) das Auseinanderbrechen und der Anachronismus der heilen Schtetl-Welt.
Sprachliche Bilder: Die Gruppe der betenden Juden sieht aus, „wie von einem unsichtbaren Sturm gerüttelt" (Z.15f.). Sie beten „mit kriegerischem Mut" (Z.16f.).	Vergleich und Metapher verweisen auf die Anfeindungen, denen sich die gläubigen Juden des Schtetls zunehmend ausgesetzt sehen.
Auf die sich steigernde Angst Mendels vor dem Ährenfeld stehend wurde schon im Zusammenhang mit der Erzählweise hingewiesen.	

Teilschritt: Deutungsthesen formulieren (→ 1. Teilaufgabe)

Nachdem Sie nun den vorliegenden Romanauszug vor allem mit Blick auf die Bedeutung des Erzählers untersucht haben, sollten Sie jetzt abschließende Deutungsthesen formulieren.

Fassen Sie die Analyseergebnisse knapp zusammen.

1. In der Glaubenswelt des Schtetls (zu Beginn des 20. Jahrhunderts) finden die gläubigen Juden und mit ihnen Mendel Singer kaum mehr einen Halt, wie es der auktoriale Erzähler vor allem durch das geschilderte Glaubensritual (Begrüßung des Neumonds) verdeutlicht.
2. Mendel fühlt sich getrieben, orientierungs- und heimatlos. Der Ort, an dem er sich befindet, macht ihm Angst. Auf die Darstellung seiner inneren Unruhe und seiner Ängste konzentriert sich der personale Erzähler im zweiten Teil des Textauszuges.
3. Am Ende muss er erkennen, dass sich seine Tochter Mirjam mit einem russischen Soldaten vergnügt hat und damit Schande über die Familie bringt.
4. Mendels Wertewelt als orthodoxer Jude, zu der der Glaube, die Familie und die Nachbarn gehören, ist ins Wanken geraten.
5. Damit gerät auch die isolierte und abgeschottete Schtetl-Welt in Gefahr. Private und gesellschaftliche Einflüsse bedrohen diese Enklave, diese scheinbar heile Welt.

1. → 2. → **3. Zitat von Heschel einbeziehen** → 4. → 5. → 6.

Das Zitat in der zweiten Teilaufgabe greift einen Analyseschwerpunkt der ersten Teilaufgabe auf und führt ihn weiter zu einer allgemeingültigen Aussage/These über die Lebensweise der Juden in Osteuropa, die nun zu überprüfen ist. Folgendes ist dabei zu beachten:

- Die Analyseergebnisse aus dem ersten Teil beziehen sich auf einen Romanauszug, also auf eine literarisierte Darstellung der Ostjuden, konkret des Protagonisten Mendel Singer, in der Schtetl-Welt zu Beginn des 20. Jahrhunderts.
- Das Zitat nimmt jedoch allgemein und vor einem historischen Hintergrund Bezug auf die Lebensweise der Ostjuden im Schtetl.
- In der geforderten Überprüfung gilt es, beide genannten Ebenen aufeinander zu beziehen. Es gilt also literarische Analyseergebnisse mit einer allgemeinen Aussage über die Juden Osteuropas zu verknüpfen. Eine solche Überprüfung dient dazu, Ihre Ergebnisse nochmals zu präzisieren.

Teilschritt: Heschels These verstehen (→ 2. Teilaufgabe)

In der These werden zentrale Aspekte der ostjüdischen Lebensweise benannt und bewertet.

Erläutern Sie diese These in eigenen Worten.

- Heschel vertritt die Meinung, dass die Ostjuden „mehr in der Zeit" gelebt hätten und weniger an ihren konkreten Lebensraum gebunden waren, damit auch ohne Bezug zu Dingen lebten. Dies kann so verstanden werden, dass ihre Prioritäten sehr viel mehr bei der Familie, der Glaubensgemeinschaft und einer religiösen (Zukunfts- bzw. Erlösungs-)Hoffnung liegen. Ihre Seelen sind immer unterwegs, weil sie mehr in der Hoffnung auf ein zukünftiges Leben leben als in der Gegenwart. Diese Frömmigkeit, diese Hoffnung auf ein Diesseits gehörte zu den zentralen Glaubensinhalten des osteuropäischen Judentums.

Teilschritt: Heschels These überprüfen (→ 2. Teilaufgabe)

Heschels These müssen Sie nun mit den Ergebnissen der ersten Teilaufgabe in Beziehung setzen.

Trifft Heschels These auf den Protagonisten des Romans zu?

Bezogen auf die vorliegende Textstelle:

- Der konkrete Lebensraum ist für Mendel kaum von Bedeutung. Er erlebt ihn sogar als feindlich und als existenzielle Bedrohung (vgl. die Szene vor dem Ährenfeld).
- Aber – und hier gilt es die These zu differenzieren – Mendel findet auch kaum noch Heimat und Hoffnung im Gebet.
- Mit der „verlorenen Tochter" zerbricht für ihn auch zunehmend die familiäre Bindung.

Bezogen auf den Roman als Ganzes:

- Das bescheidene Haus im Schtetl ist für Mendel bedeutsam, aber weniger als konkreter Ort denn als Sitz der Familie, (die aber immer mehr zerbricht).
- Die Hoffnung auf Amerika ist weniger auf das konkrete Land bezogen, sondern ein „Hoffnungsraum", in dem sich Glaube und Familie in der Zeit „retten" lassen.
- Glaube und Familie (die beiden Eckpfeiler des Schtetls) bilden am Ende des Romans wieder eine wundersame Einheit, wenn der behinderte Sohn Menuchim geheilt nach Amerika kommt und den Vater aufsucht. Der Lebensraum spielt dafür nur eine untergeordnete Rolle.

Fazit: Mendels Leben und das seiner Glaubensgenossen ist mehr auf immaterielle Bezugspunkte ausgerichtet als auf materielle. Auch wenn diese Bezugspunkte im Laufe der Handlung in die Krise geraten, werden sie am Ende des Romans doch wieder in ihrer Bedeutung hergestellt.

1. → 2. → 3. → **4. Gliederung erstellen** → 5. → 6.

In der Gliederung müssen Ihre bisherigen Ergebnisse systematisch zusammengestellt werden. Für die vorliegende Aufgabenform bietet sich die **Form der Sanduhr** an:

- In der **Einleitung** auf das Thema hinarbeiten (obere Hälfte der Sanduhr, die auf das „Zentrum" hinzielt).
- Im **Hauptteil** („Zentrum" der Sanduhr) konkret an der Aufgabenstellung arbeiten. Dabei macht es Sinn, die beiden Teilaufgaben gedanklich als eine Einheit zu sehen.

- Im **Schluss** (der unteren Hälfte der Sanduhr) sich von der konkreten Aufgabenstellung lösen: resümieren, abstrahierend und wertend zusammenfassen, (noch einmal) die historische Bedingtheit des Textes bedenken, undifferenzierte Aktualisierungen vermeiden.

Vervollständigen Sie die inhaltlichen Aspekte der Gliederung auf der Grundlage der Vorarbeiten.

Einleitung: Titel, Autor, Entstehungszeit, Thema des Romans, kurze Charakterisierung des Romans, Thema des Textauszugs, Interpretationsthese

Hauptteil:

1. Teilaufgabe: Analyse des Textauszugs

a) Einordnung des Textauszugs in den Kontext des Romans
b) Darstellung von Mendel Singer und seiner Welt durch den Erzähler
c) aspektorientierte Analyse
...
...
...

2. Teilaufgabe: Überprüfung der These

a) Aussage der These erläutern
b) Überprüfung der These in Bezug auf die Ergebnisse der 1. Teilaufgabe
...
...

Schluss:

Roths Roman - eine literarische Darstellung des Zerfalls des ostjüdischen Schtetls, der nur durch ein Wunder aufgehalten werden kann.

1. → 2. → 3. → 4. → **5. Klausur schreiben** → 6.

Schreiben Sie auf der Grundlage Ihrer bisherigen Vorarbeiten nun die Klausur.

Einleitung:

In dem Roman „Hiob" (1930) erzählt Joseph Roth die Lebensgeschichte eines „einfachen Mannes", des Juden Mendel Singer, der in der Zeit vor dem ersten Weltkrieg mit seiner Familie in einem Schtetl, einer jüdischen Enklave, in Osteuropa lebt (1. Teil des Romans). Die heile Welt des Schtetls, gekennzeichnet durch die Glaubensgemeinschaft, die enge familiäre Beziehung, aber auch die äußerst kärgliche Lebensweise, die die sozialen Bindungen umso bedeutender macht, wird im Laufe der Handlung immer brüchiger. In der folgenden Analyse gilt es herauszuarbeiten, wie der Erzähler in der vorliegenden Textstelle diese angesprochene Thematik, nämlich die Risse in Mendels „Weltbild" und den Verlust der Bindungen verdeutlicht. Im Blick ist dabei auch schon die zweite Teilaufgabe, in der dieser Verlust nochmals auf einer anderen Ebene betrachtet wird.

Hauptteil:

1. Teilaufgabe

Dem vorliegenden Textauszug sind in der Romanhandlung schon entscheidende Ereignisse vorausgegangen. Mendels Frau Deborah ist ihm fremd geworden. Dazu kommt, dass er und seine Frau mit dem behinderten Sohn Menuchim belastet sind. Mendel sieht seine Familie zudem durch äußere gesellschaftliche Einflüsse zunehmend zerbrechen. Seine Kinder verlassen das Haus, der ältere Sohn hat sich für den russischen Militärdienst entschieden, der jüngere Sohn Schemarjah ist nach

Amerika ausgewandert. Mendel, der in der Darstellung teilweise dem biblischen Hiob (vgl. Titel des Romans) ähnelt, ist also mit Plagen und Schicksalsschlägen belastet. Der Verlust der vertrauten sozialen (und teilweise auch der religiösen) Bindungen und damit der Verlust des geschützten Schtetl-Raums sind ein zentrales Thema auch des hier zu analysierenden Romanauszuges aus dem ersten Teil des Romans, wie zu zeigen sein wird.

Im Zentrum der vorliegenden Textstelle stehen zwei(konträre) Ereignisse, die zeitlich nahezu parallel stattfinden: Während Mendel zusammen mit anderen Juden in einer warmen Sommernacht im Rahmen eines Glaubensritus den Neumond begrüßt, gibt sich seine Tochter Mirjam in einem Ährenfeld einem russischen Soldaten hin, wie der Vater am Ende erfahren muss. Schon in dieser konträren Komposition der Ereignisse zeigt sich, wie brüchig und anachronistisch die heile Schtetl-Welt (geworden) ist.

Zu Beginn der Textstelle informiert der Erzähler, dass Vater und Tochter „zugleich" (Z.1) das Haus verlassen, allerdings mit unterschiedlichen Zielen. Der „gelbe Schal" Mirjams (Z.1) deutet schon auf wenig Gutes hin. An diesem Schal wird der Vater am Ende seine Tochter erkennen, als sie zusammen mit einem russischen Soldaten aus dem Ährenfeld kommt.

Nach dieser Vorausdeutung blendet der Erzähler das Geschehen um Mirjam zunächst völlig aus und konzentriert sich - auktorial erzählend - auf eine Gruppe von Juden, (zu der auch Mendel gehört, ohne besonders herausgehoben zu werden,) die in einem Ritual den Neumond begrüßt (Z.3-21). Zwar soll der Ritus einerseits an alte jüdische Traditionen erinnern und auch einen hoffnungsvollen Neuanfang begründen, allerdings wird er von Beginn an - sicherlich auch bedingt durch die Tageszeit - vom Erzähler in einen mythisch-geheimnisvollen Kontext eingebettet, dem etwas Verbotenes anzuhaften scheint, denn die Juden „hast[...]en stumm und schwarz, in regellosen Grüppchen" (Z.7 f.) zu dem „ortlosen" Ort, „einem freien Platz" (Z.6). Ihre Hinwendung zum Mond/Himmel ist gleichzeitig ein sich Wegwenden von der Erde, die als „fremd" (Z.17), ja „feindlich" (Z.18) empfunden wird. „Vertraut" ist „nur der Mond" (Z.19), „gehässig das Kläffen der Hunde" (Z.18f). In dieser kontrastiven Gegenüberstellung zeigt sich, wie zerbrechlich und brüchig die jüdische Glaubenssicherheit im Schtetl geworden ist und wie heimat- und „bodenlos" die Juden im Schtetl leben. Unterstützt wird das noch, wenn der auktoriale Erzähler betont, dass die Gruppe der Juden aussieht, „wie von einem unsichtbaren Sturm gerüttelt" (Z.15 f.), dass sie mit „kriegerischem Mut" (Z.16 f.) betet. Auch bilden die Juden nur für kurze Zeit eine Einheit, denn „sie zerteil[...]en sich" (Z.24) schnell, laufen „einzeln nach Haus" (Z.24), nur Mendel bleibt allein zurück.

Wird das Ereignis um den Glaubensritus vom Erzähler auktorial wertend geschildert, so ändert sich für die Darstellung des zweiten Ereignisses (Z.26-64) die Erzählhaltung in eine personale aus der Perspektive Mendels. Zeitdeckend und mit ansteigender Spannung werden Mendels Wahrnehmungen geschildert, wenn er allein zurückbleibt und vor dem Ährenfeld steht: Die „ungestörte Ruhe der Freiheit" (Z.27), die er zunächst empfindet, wird sofort zurückgenommen durch die „Angst vor der unbekannten Erde und dem gefahrvollen Gewürm" (Z.28f). Mendel denkt an die sich auflösende Familie, den einen Sohn bei den Soldaten, den anderen in Amerika. Kein Wunder, dass er sich in seinem Dasein von allen Seiten „von Gefahren bedroht" (Z.38f.) fühlt: Da ist das Heulen der Hunde, die „den Frieden der Erde" (Z.36) zerreißen. In großer Angst schaut er „nach Norden" (Z.39), nach „rechts" (Z.40), nach „links" (Z.41), hört Stimmen „links im Getreide" (Z.45). Mendels Wahrnehmungen evozieren in ihm Todesängste (vgl. Z.49). Zunächst denkt er an ein „riesiges Tier, ein Ungetüm" (Z.47f.), das sich in den „mannshohen Ähren" (Z.46f.) bewegt, dann nimmt er doch Menschen wahr, die für ihn schon zu „Mördern" (Z.54) werden. Schließlich hört er die Stimmen eines „Liebespaars" (Z.55), aber die Todesangst bleibt. Sie wird erst aufgelöst, als das Paar an ihm vorbeigeht, ohne ihn zu bemerken.

Mendel aber nimmt den „gelben Schal" (Z. 61, dreimal genannt) des Mädchens wahr, das hier nicht mit Namen genannt wird. Der aufmerksame Leser muss hier den Bezug zum Beginn der Textstelle und damit zu Mirjam herstellen. Mendel bleibt nur noch, „die Augen" zu schließen und „das Unglück im Finstern vorbeigehen" (Z. 65) zu lassen, womit diese Textstelle durch den auktorialen Erzähler abgeschlossen wird.
Die beiden hier im Zentrum stehenden Ereignisse zeigen, wie bedroht Mendel Singers Schtetl-Welt ist. Der religiöse Zusammenhalt der Juden verliert seine bindende Kraft, vor allem aber gerät die persönliche Wertewelt Mendels immer mehr aus den Fugen. Die vom personalen Erzähler so gestaltete Situation vor dem Ährenfeld erscheint Mendel mit seinen Ängsten zunächst „nur" physisch lebensbedrohlich; sie erweist sich aber schlimmer dann als existenziell bedrohlich. Die beiden scheinbar zufällig nebeneinandergestellten (Lebens-)Situationen geben dem Leser einen tiefen Einblick in Mendels innere Verunsicherung. Durch den Weggang der beiden Söhne ist der Boden unter ihm bereits rissig geworden, weil die Familie anfängt, sich aufzulösen. Dass nun auch noch die Tochter die Familienehre gefährdet, weil sie sich mit einem russischen Soldaten eingelassen hat, entzieht ihm vollends den Boden unter den Füßen. Der Leser erlebt diese Erschütterung Mendels durch die personale Erzählweise unmittelbar mit.

2. Teilaufgabe
Die Analyseergebnisse aus der ersten Aufgabe lassen sich gut mit Joshua Heschels These über die Lebensweise der Juden in Osteuropa verknüpfen. Allerdings gilt es diese These mit Bezug zum Roman zu differenzieren. Das ist schon allein deshalb notwendig, weil der Roman die literarische Darstellung eines Einzelschicksals darstellt und nicht – wie die These – eine allgemein wertende Aussage über die Lebensweise der Ostjuden im Schtetl macht.
Heschel stellt die These auf, dass die Ostjuden „mehr in der Zeit" gelebt hätten, weniger an ihren konkreten Lebensraum gebunden gewesen seien, damit auch rastlos, heimatlos und ohne Bezug zu Dingen. Das lässt sich aus den Traditionen der osteuropäischen Juden erklären, die mehr in einer religiösen (Zukunfts- bzw. Erlösungs-) Hoffnung als in der Gegenwart lebten.
Wendet man diese These auf den vorliegenden Romanauszug an, so ist festzuhalten, dass der konkrete Lebensraum für Mendel tatsächlich wenig Bedeutung hat; er erlebt ihn sogar als feindlich und als existenzielle Bedrohung (vgl. die Szene vor dem Ährenfeld). Aber – und hier gilt es die These zu differenzieren – Mendel findet auch kaum noch Halt in seiner Religion und sogar seine Familie geht ihm verloren, wie hier an Mirjam gezeigt.
Bezieht man die These auf den gesamten Roman, so ist zu sagen, dass Mendels bescheidenes Haus im Schtetl von hoher Bedeutung für die Familie ist, aber auch – wie Heschel sagt – weniger als konkreter Lebensraum, sondern als symbolischer Ort, an dem sich die Familie versammelt und den Sabbat feiert. Genauso ist Amerika ein fernes Hoffnungsland, um Glaube und Familie in der Zeit zu „retten". Die wundersame Zusammenführung von Mendel mit seinem nun gesunden Sohn Menuchim am Ende des Romans ermöglicht diese Rettung. Mendel findet darüber seine innere Ruhe wieder, sein traditioneller Wertekanon (aus dem Schtetl) „stimmt" wieder. Einen konkreten Ort braucht Mendel dazu nicht, im Gegenteil: Am Ende des Romans sieht Mendel nur noch „die ganze blaue Heiterkeit des Himmels" (S. 146, Z. 11). Was Heschel als These formuliert, nämlich dass die Ostjuden „mehr in der Zeit als im Raum" lebten, entfaltet Roth in seinem Roman mehr als eine (utopische) Entwicklung, die sein Protagonist Mendel im Laufe seines Lebens macht.

Schluss:
Die Lebensgeschichte des Mendel Singer, die Joseph Roth in seinem Roman „Hiob" erzählt, ist die Geschichte eines Ostjuden, dessen heile Schtetl-Welt (spätestens) zu Beginn des 20. Jahrhunderts zerbricht, weil die gesellschaftlichen Einflüsse auch vor dieser Enklave nicht Halt machen. Nur durch ein Wunder lassen sich

```
Mendels Werte und Mendels Welt am Ende der Handlung noch einmal (für kurze Zeit)
retten. Aber auch diese Rettung ist schon kaum noch in der Welt verankert, sondern
weist mehr in Richtung Himmel.
```

1. → 2. → 3. → 4. → 5. → **6. Klausur überarbeiten**

Die Zeit für Ihre Klausur sollten Sie sich so einteilen, dass Sie Ihren Text vor der Abgabe noch einmal überarbeiten können. Folgende Fragen können dabei für Sie leitend sein:

Inhaltlich-gedankliche und methodische Überarbeitung

- Habe ich die Aufgabenstellung beachtet? Dazu gehören auch die Operatoren.
- Ist die Gedankenführung in der Darstellung stringent, d. h. klar gegliedert, in sich logisch, gedanklich zusammenhängend und für Leser nachvollziehbar?
- Bilden Einleitung und Schluss einen Rahmen?

Sprachliche Überarbeitung

- Habe ich auf Rechtschreibung, Zeichensetzung und grammatische Richtigkeit geachtet?
- Kann ein anderer meine Schrift lesen?
- Habe ich mich präzise ausgedrückt und Leerformeln vermieden?
- Habe ich sachgerecht Fachsprache verwendet?
- Habe ich richtig zitiert und die Zitate auch interpretiert?

Überprüfung des Inhalts

- Entspricht der Inhalt des Klausurtextes genau der Aufgabenstellung und ggf. den Teilaufgaben?
- Sind die Operatoren richtig erfasst und umgesetzt?
- Ist der Klausurtext sachlich korrekt (richtiger Gebrauch von Fachtermini; Überprüfung der genannten Autoren, Jahreszahlen usw.)?

Überprüfung der Plausibilität (Stimmigkeit)

- Wird eine klare These formuliert und begründet (bzw. belegt)?
- Belegen die Argumente die These? Stützen die Beispiele, Belege und Zitate die Thesen?
- Wird die Deutung durch die Einbeziehung von Kontexten (Biografie des Autors, der Epoche der Zeitgeschichte usw.) vernetzt?
- Stimmt die Gesamtdeutung mit den Einzelbeobachtungen überein?

Überprüfung der Stringenz (Folgerichtigkeit)

- Ist die Gliederung stimmig? Wird sie eingehalten?
- Ist der Text aus sich heraus verständlich?
- Sind die Ergebnisse sinnvoll miteinander verknüpft?
- Gibt es einen roten Faden?

Überprüfung der Sprache bzw. der äußeren Form

- Ist die Wortwahl präzise? Werden an passender Stelle Fachtermini verwendet?
- Wird eine einheitliche, sachlich-analytische Stilebene eingehalten oder gibt es Stilbrüche?
- Ist der Klausurtext abwechslungsreich formuliert und wurden nicht notwendige Wiederholungen sowie Floskeln, Leerformeln usw. vermieden?
- Ist der Satzbau grammatisch korrekt und sind die grammatischen Bezüge eindeutig?
- Ist der Klausurtext frei von Rechtschreib- und Zeichensetzungsfehlern?
- Sind alle Zitate korrekt?

Musterklausur 2

Iris Radisch: Zum Verzweifeln glücklich (2003)

Der Artikel wurde für die ZEIT-Schülerbibliothek verfasst, in der die Wochenzeitung DIE ZEIT 50 bedeutende literarische Werke für Schüler vorstellen und interpretieren ließ, die als geeignete Lektüren für den Deutschunterricht angesehen wurden. Iris Radisch ist Literaturredakteurin der ZEIT.

Stellen wir es uns vor: eine sandige Straße, niedrige, enge Häuser, das Bett steht neben dem Herd, die vier Kinder schlafen auf Strohsäcken in der Ecke, das jüngste baumelt in einem Korb von der Decke. Um sechs Uhr morgens feuert man den Herd an und kocht Tee, träumt noch etwas im Morgenlicht neben dem Feuer und schlürft die erste Tasse im Stehen. Zu Fuß ist das nächste Städtchen nicht zu erreichen, der einzige Fuhrmann fährt, wann er will, und nimmt mit, wer ihm passt. Am Freitagabend scheuert man den Holzfußboden, bis er safrangelb glänzt, dann sitzt man am blank gehobelten Tisch, geht früh zu Bett, um Petroleum zu sparen. Wenn man krank wird, kommt der Rabbi. An Reisen, an Zerstreuungen ist nicht zu denken. Das Leben gehört Gott und nicht den Menschen. Bücher gibt es nicht, allerdings lernt man das Alte Testament auswendig. So vergehen die Jahre. Es wird Morgen, es wird Abend. Es wird Sommer und Winter. Und alles, was geschieht, ist, dass man Tee trinkt, alt wird und stirbt.

Seien wir ehrlich: Wir können es uns nicht vorstellen. Doch es gibt viele Bücher, die in dieser Welt spielen. Sie sind nahezu das Einzige, das von ihr übrig geblieben ist. Wenn man heute nach Galizien, Russland, nach Polen, in die Ukraine reist, ist es, als habe es die Welt des Ostjudentums, die die ostjüdischen Schriftsteller beschrieben haben, nie gegeben. Als der galizische Schriftsteller Joseph Roth 1930 im Exil in seinem Roman *Hiob* von dem kleinen jüdischen Schtetl und dem safrangelben Holzfußboden schrieb und die Geschichte in einer deutschen Zeitung als Fortsetzungsroman veröffentlichte, waren das Schtetl und seine Bewohner ihrer Vernichtung durch die Deutschen schon recht nahe. Vielleicht hat er das geahnt. Denn es ist viel Untergangsstimmung in diesem gleichnishaften Buch, das kurz vor einem anderen Untergang spielt, der von Joseph Roth damals noch für den größten aller denkbaren Untergänge gehalten wurde: der Erste Weltkrieg.

Es handelt vom frommen Lehrer Mendel, seiner Frau, seinen drei Söhnen und seiner Tochter. Davon, wie Mendel beinahe alles verlor und durch ein Wunder beinahe alles und noch viel mehr wiederbekam. Ein Märchen also, eine Heilsgeschichte wie die von Hiob, den Gott lehren wollte, dass Leiden und Entbehrungen nie sinnlos sind.

Böse gesagt, leidet Lehrer Mendel daran, dass sich die Zeiten ändern und den Stumpfsinn seines Lebens bedrohen. Die Söhne sollen Soldaten werden, was ihnen die Religion verbietet. Die Tochter lässt sich mit Russen ein, was das Gesetz untersagt. Für die Reinheit der Lehre riskiert Vater Mendel das Leben der Kinder. Der Sohn wird unter Lebensgefahr außer Landes gebracht und geht nach Amerika. Um die Tochter von den Kosaken fern zu halten, folgt die Familie dem Sohn nach New York und lässt das behinderte jüngste Kind hilflos zurück. Dieses Kind, Menuchim, trägt eine übermenschliche Last auf seinen schiefen Schultern. Es ist das schlechte Gewissen der Familie, das Symbol des Untergangs der alten ostjüdischen Welt und ihrer glorreichen Wiederauferstehung. Er ist der Frosch des Ostens und der Prinz des Westens. Er ist viel auf einmal, aber das ist im Märchen nicht ungewöhnlich. Im Märchen vom armen Lehrer Mendel geht seine Geschichte so: Menuchim kann nicht laufen und nicht sprechen, neigt zu Epilepsie und bringt Vater und Mutter großes Unglück. Ein Rabbi aber weissagt ihm Großes, sein Schmerz wird ihn weise machen, die Hässlichkeit gütig, die Bitternis milde und die Krankheit stark. Mit anderen Worten: Joseph Roth wünscht sich, dass die Leiden des Ostens belohnt werden, nicht nur im Himmel, sondern schon im Westen.

Und so kommt es dann auch. Die Missgeburt reist der Familie eines Tages nach. Jemand muss den Frosch an die Wand geworfen haben: Aus dem Krüppel ist ein hoch gewachsener Mann geworden, der mitten im Osterfest wie der lang erwartete Erlöser das New Yorker Zimmer des Vaters betritt und ihn mit Augen ansieht, wie sie Männer haben, „zu denen Gott selbst gesprochen hat". Ein berühmter Musiker ist der verlorene Sohn, die Seele des Ostens bringt er zum Klingen, und die Konzertsäle des Westens singen ein Lied davon. Ins Astor-Hotel führt der verstoßene Sohn den gefallenen Vater, der in der Neuen Welt Weib, Kinder und Gottesglauben verlor. Das religiöse Dogma ist zerbrochen, der Aufbruch in die neue Zeit gelungen, Versöhnung naht. Nach allem, was bald darauf geschehen ist, kann man über so viel Willen zum Glück nur verzweifeln.

Iris Radisch, *Zum Verzweifeln glücklich*, in: DIE ZEIT 34/2003 (14.08.2003)

Aufgabenstellung

1. Analysieren Sie den Artikel von Iris Radisch. Beachten Sie dabei besonders, welche Schwerpunkte sie bei der Vorstellung und Interpretation des Romans setzt.
2. Erörtern Sie vor dem Hintergrund Ihrer Romankenntnis die Schwerpunktsetzung und Analyse von Iris Radisch.

1. Erstes Überfliegen des Textes – Aufgabenstellung erfassen

→ 2. → 3. → 4. → 5. → 6.

Überfliegen Sie den Text von Iris Radisch, und verschaffen Sie sich einen ersten Überblick.

- Wer ist der Autor? In welcher Rolle tritt er auf?
- Welche Form des Sachtextes liegt vor?
- Wann ist der Text veröffentlicht worden?
- Worum geht es? Welche These wird vertreten?
- Wie wird diese These argumentativ gestützt/belegt/erläutert?

Formulieren Sie zu dem Text eine Verstehenshypothese.

- Der Roman handelt vom Leben des osteuropäischen Judentums Anfang des 20. Jahrhunderts. Diese Welt wurde wenig später von den Deutschen im Zweiten Weltkrieg vollständig vernichtet.
- Die Verfasserin stellt vor allem die märchenhafte Züge des Romans in Verbindung mit der paradoxen (Leser-)Wirkung heraus. Diese paradoxe Wirkung wird schon im Titel ihres Artikels „Zum Verzweifeln glücklich" deutlich.

Lesen Sie die Aufgabenstellung genau durch. Achten Sie dabei vor allem auf die Arbeitsanweisungen (Operatoren).

Die vorliegende Aufgabe gehört zur **Aufgabenart I**, und zwar hier **Typ A**, der so definiert ist: *Analyse eines Sachtextes mit weiterführendem Schreibauftrag.*
Die **erste Teilaufgabe** erfordert eine Analyse mit besonderer **Schwerpunktsetzung**. Das heißt, das, was der übergeordnete Operator „analysieren" verlangt (Texterfassung, Textbeschreibung, Textdeutung), ist vor allem im Hinblick auf die **Vorstellung und Interpretation des Romans** zu betrachten. Diese Schwerpunktsetzung ist eine deutliche Hilfestellung, denn hier ist das entscheidende Ziel der Analyse benannt. Sie sollten es bei der gesamten Textbetrachtung nicht aus dem Auge verlieren.
Die **zweite Teilaufgabe** baut auf den Analyseergebnissen der ersten auf. Hier geht es also darum, die von Radisch vorgenommene Schwerpunktsetzung vor dem Hintergrund Ihrer Romankenntnis differenziert zu erörtern und zu beurteilen.
In der Gewichtung ist die erste Teilaufgabe bedeutender als die zweite (etwa drei Fünftel zu zwei Fünftel). Im Abitur würde das über die Punktzahl, die hinter den einzelnen Teilaufgaben steht, deutlich.

1. → **2. Text aspektorientiert erschließen** → 3. → 4. → 5. → 6.

Teilschritt: Inhalt sichern und Argumentationsstruktur untersuchen (→ 1. Teilaufgabe)

Lesen Sie den Text mehrfach durch und gliedern Sie ihn in Sinnabschnitte. Dazu sollten Sie sich Schlüsselwörter markieren und Randnotizen machen.
Verdeutlichen Sie sich gleichzeitig die Argumentationsstruktur. In diesem Zusammenhang sollten Sie sich auch vergegenwärtigen, welche Funktion der Artikel hat. Nutzen Sie dazu auch alle Informationen, die Ihnen zusätzlich zum Text gegeben werden.

Autorin, Text, Funktion:

- Eine Literaturredakteurin stellt ein bedeutendes Werk der deutschen Literatur im Rahmen der ZEIT-Schülerbibliothek für den Deutschunterricht vor und interpretiert es. Der Artikel soll bei Schülern Interesse an diesem Buch wecken.

Aufbau und Argumentationsstruktur des Textes:

1. Abschnitt (Z. 1–11): Anschaulich-situative Darstellung der kärglichen und monotonen Lebenssituation der Ostjuden und ihres Schtetls als Lebensraum in Form einer knappen Aufzählung.
2. Abschnitt (Z. 12–22): Historische (vor dem Ersten Weltkrieg) und geographische (u. a. Galizien) Einordnung dieser Lebenssituation; Hinweis auf den Autor Joseph Roth, der diese in einem Roman 1930 literarisch gestaltet hat; deutliche interpretatorische Schwerpunktsetzung im Hinblick auf den Roman: „viel Untergangsstimmung" (Z. 19 f.).
3. Abschnitt (Z. 23–41): Inhaltliche Zusammenfassung des Romans mit deutlicher interpretatorischer Zuspitzung – mehrfacher Hinweis auf die märchenhaften Züge (Z. 25, Z. 36) des Romans, die die Untergangsstimmung aufheben.
4. Abschnitt (Z. 42–51): Konzentration auf das (überzogen) märchenhafte Ende des Romans und die damit im Zusammenhang stehende paradoxe Wirkung, dass man „über so viel Willen zum Glück nur verzweifeln" (Z. 50 f.) kann.

Teilschritt: Sprachliche Darstellung (→ 1. Teilaufgabe)

Zur Analyse eines Sachtextes gehört es auch, dessen sprachliche Darstellung zu untersuchen. Allerdings sollte diese in ihrer Funktion betrachtet werden.

Stellen Sie charakteristische sprachliche Mittel heraus und analysieren Sie deren Funktion.

Auffallend ist der auf Zuspitzung hin angelegte „saloppe" journalistische Sprachstil, der hier wohl die Funktion hat, Schüler anzusprechen. Einige Beispiele:

- Appell an den Leser im ersten Abschnitt „Stellen wir es uns vor:" (Z. 1) und Desillusionierung zu Beginn des zweiten Abschnitts „Seien wir ehrlich: Wir können es uns nicht vorstellen." (Z. 12)
- Zugespitzte Wertungen: „Böse gesagt, leidet Lehrer Mendel…" (Z. 27)
- Das bekannte Märchenmotiv „Frosch-Prinz" wird genutzt, um die märchenhafte Entwicklung Menuchims antithetisch und metaphorisch zu veranschaulichen: „Er ist der Frosch des Ostens und der Prinz des Westens" (Z. 35) „Jemand muss den Frosch an die Wand geworfen haben …" (Z. 42 f.)
- Der kontrastive Sprachstil des Romans wird aufgegriffen, um den märchenhaften Gang der Handlung zu belegen: „Ein Rabbi aber weissagt ihm [Menuchim] Großes, sein Schmerz wird ihn weise machen, die Hässlichkeit gütig, die Bitternis milde und die Krankheit stark." (Z. 38 f.)

Teilschritt: Thesen zur Textdeutung formulieren (→ 1. Teilaufgabe)

Formulieren Sie zentrale Deutungsthesen des Textes.

- In ihrem Artikel geht es der Journalistin zunächst darum, den Roman inhaltlich und im Zusammenhang mit seiner historischen Verortung und Entstehungsgeschichte vorzustellen.
- In ihrer Interpretation hebt sie die Untergangsstimmung hervor, die aber im Roman durch das märchenhafte Ende „aufgelöst" werde, was ihres Erachtens zu einer paradoxen Wirkung führt: „Zum Verzweifeln glücklich".
- Die sprachliche Darstellung ist flott, manchmal salopp und auf Zuspitzung hin angelegt. Sie soll Schülerinnen und Schüler ansprechen und diese als Leser für den Roman gewinnen.

1. → 2. → **3. Eigenständige Position entwickeln** → 4. → 5. → 6.

Teilschritt: Sachtext und Roman vergleichen (→ 2. Teilaufgabe)

Nach der Analyse des Sachtextes sind Sie nun aufgefordert zu erörtern, inwieweit sich die Schwerpunktsetzung und Analyse von Radisch mit Ihrer Romankenntnis deckt. Dazu können Sie Ergebnisse aus dem Unterricht einfließen lassen, aber auch die Ergebnisse aus der ersten Klausur und dem Interpretationsteil in diesem Klausurtraining. Ausgangspunkt Ihrer Überlegungen ist der Artikel von Iris Radisch. Die beiden folgenden Fragen können für Sie hilfreich sein, um die geforderte Erörterung/Bewertung fundiert und argumentativ eigenständig durchzuführen:

- Ist die inhaltliche Zusammenfassung des Romans zusammen mit dessen historischer Verortung in ihrer Gewichtung angemessen?
- Ist die interpretatorische Schwerpunktsetzung (Untergangsstimmung, aufgelöst durch das märchenhafte Ende) und der in diesem Zusammenhang herausgestellten paradoxen Wirkung (auch in ihrer sprachlichen Zuspitzung) treffend?

Stellen Sie vor dem Hintergrund der oben genannten Fragen zentrale Überlegungen für Ihre Erörterung stichpunktartig zusammen. Sie müssen Ihre Kenntnis des gesamten Romans mit einbeziehen.

- Radischs inhaltliche Zusammenfassung ist sprachlich anschaulich und informativ. Sie nimmt den Leser situativ mit in die Stimmung des Romans; vermeidet damit eine (formal langweilige) Inhaltsangabe.
- Dies gilt auch für die kurze historische Verortung von Handlung, Roman und Autor.
- Die angesprochene Untergangsstimmung ist grundlegend für den Roman, müsste aber differenziert werden, vor allem im Hinblick auf Mendel. Seine Zweifel an seinem Glauben, die Zweifel am Bestand seiner Familie, seine Selbstzweifel müssten genauer dargelegt werden.
- Dies gilt auch für die pointierte Herausstellung des märchenhaften Endes. Menuchims wunderbare Genesung ermöglicht am Ende eine märchenhaft-religiöse Entrückung in himmlische Sphären, womit sich jedoch das Bild des Froschs, der zum Prinzen wird, als zumindest unpassend herausstellt.
- Die zugespitzt journalistische Sprache des Artikels ist angemessen, wenn man seine Funktion (Beitrag für die ZEIT-Schülerbibliothek) betrachtet. Der Problematik des Romans (Abgesang auf eine untergegangene Welt) wird diese Sprache aber nicht immer gerecht.

1. → 2. → 3. → **4. Gliederung erstellen** → 5. → 6.

Orientieren Sie sich an der Struktur der ersten Musterklausur, um die Gliederung zu erstellen. Eine Einordnung der Textstelle in den Kontext können Sie hier nicht vornehmen.

Einleitung:
Autorin, Textsorte mit Blick auf Funktion, Schwerpunkte der Aufgabenstellung

Hauptteil:
1. Teilaufgabe: Textanalyse
- a) Inhaltliche Schwerpunktsetzungen (in Bezug auf den Roman)
  ...
- b) Interpretatorische Schwerpunktsetzungen (in Bezug auf den Roman)
  ...
- c) Die journalistische Sprache (mit Blick auf die Funktion des Artikels) [kann a) und b) auch vorangestellt werden oder auch in diese Punkte integriert werden]
  ...

2. Teilaufgabe: Erörterung/Bewertung
- a) Ist die inhaltliche und historische Schwerpunktsetzung (auch sprachlich) angemessen/sachgerecht?
  ...
- b) Ist die interpretatorische Schwerpunktsetzung (auch sprachlich) angemessen/sachgerecht?
  ...

Schluss:
Resümierender Blick auf den Artikel von Iris Radisch

Vervollständigen Sie die aufgeführten Aspekte der Gliederung auf der Grundlage der Vorarbeiten.

1. → 2. → 3. → 4. → **5. Klausur schreiben** → 6.

Schreiben Sie auf der Grundlage Ihrer Vorarbeiten nun die Klausur.

Einleitung:
Die Literaturjournalistin Iris Radisch kommt 2003 in ihrem Artikel „Zum Verzweifeln glücklich" der Aufgabe nach, für DIE ZEIT den Roman „Hiob" von Joseph Roth als bedeutendes Werk der deutschen Literatur vorzustellen und zu interpretieren. Radischs Artikel erscheint im Rahmen der ZEIT-Schülerbibliothek, in der insgesamt 50 literarische Werke als besonders bedeutsam für den Deutschunterricht herausgestellt werden; insofern hat sie bei ihrer werbenden Darstellungsweise für diesen Roman Schülerinnen und Schüler als Adressaten im Blick.
Im Folgenden gilt es zunächst zu analysieren, welche Schwerpunkte Radisch bei der Vorstellung und Interpretation des Romans setzt und wie sie dies sprachlich gestaltet. Schließlich ist diese Schwerpunktsetzung durch Radisch vor dem Hintergrund der eigenen Interpretation zu erörtern.

Hauptteil:
1. Teilaufgabe
Radisch stellt in ihrem Artikel zunächst inhaltliche Schwerpunkte des Romans heraus, verortet ihn dann geographisch und historisch, um schließlich – nach

einer inhaltlichen Zusammenfassung - ihren Interpretationsschwerpunkt zu setzen, der in der Überschrift schon erkennbar ist. Insgesamt fällt dabei ihr auf Zuspitzung und Fokussierung hin angelegter „salopper" journalistischer Sprachstil auf, der die Funktion hat, auch Schülerinnen und Schüler anzusprechen.
Im ersten Teil ihres Artikels (Z.1-11) nimmt Radisch die Leser mit in den Lebensraum des ostjüdischen Schtetls und weist auf die kärgliche und monotone Situation der dort lebenden Ostjuden hin, indem sie Einzelheiten in knapper Aufzählung anschaulich darstellt. Sie konzentriert sich damit auf die entscheidende Handlungsgrundlage, die dem Leser bewusst sein muss, um das Geschehen zu verstehen und einzuordnen, aber nicht in berichtend-informierender Weise, sondern als Appell an den Leser, mit in diese Welt einzutauchen: „Stellen wir es uns vor: eine sandige Straße [...]" (Z.1)
Mit dem desillusionierenden Beginn des zweiten Abschnitts (Z.12-22) „Seien wir ehrlich: Wir können es uns nicht vorstellen." (Z.12) holt sie den Leser aus der Imagination zurück und konzentriert sich informierend auf Handlungs- (vor dem Ersten Weltkrieg) und Entstehungszeit (1930) des Romans, auf die geographische Verortung (Galizien, Russland, Polen) und den Autor Joseph Roth. Mit Blick auf das Schicksal der Juden im Zweiten Weltkrieg vermutet Radisch, dass Roth dies wohl „geahnt" (Z.19) haben könne: „Denn es ist viel Untergangsstimmung in diesem gleichnishaften Buch, [...]" (Z.19f) - ein erster zentraler Interpretationsansatz ist damit benannt.
Im nächsten Abschnitt (Z.23-41) fasst die Autorin kurz und zugespitzt („Böse gesagt, leidet Lehrer Mendel [...]" Z.27f.) den Inhalt des Romans zusammen. Das wundersame Ende (Gesundung des behinderten Menuchim) nimmt dabei eine zentrale - auch interpretatorisch gewichtete - Stellung ein: Mehrfach erwähnt sie das märchenhafte Ende des Romans (Z.36), nutzt dazu das bekannte Märchenmotiv „Frosch - Prinz", um die Entwicklung Menuchims (Krüppel in seinem Leben im Schtetl - berühmter Musiker in Amerika) besonders hervorzuheben: „Er ist der Frosch des Ostens und der Prinz des Westens." (Z.35) „Jemand muss den Frosch an die Wand geworfen haben ..." (Z.43) Die interpretatorische Betonung des märchenhaften Endes „relativiert" die zuvor benannte Untergangsstimmung, was Radisch so zusammenfasst: „Roth wünscht sich, dass die Leiden des Ostens belohnt werden, nicht nur im Himmel, sondern schon im Westen." (Z.40f.)
Im letzten Abschnitt (Z.42-51) geht Radisch weiter auf den märchenhaften Schluss des Romans ein, indem sie diesen zunächst inhaltlich kurz wiedergibt. Interpretatorisch hebt sie auf die paradoxe Wirkung dieses Endes - gerade vor dem Hintergrund der zuvor erwähnten Untergangsstimmung - ab. Sie sieht in diesem Ende „einen Willen zum Glück" (Z.50), über den man nur „verzweifeln" (Z.51) könne angesichts der geschichtlichen Ereignisse wenige Jahre später. Diese paradoxe Wirkung, die der Roman ihres Erachtens auf den Leser hat und die wohl beim Lesen auch zu einem „faden Beigeschmack" führt, wird bereits im Titel ihres Artikels „Zum Verzweifeln glücklich" deutlich. Der Titel bringt damit ihre Interpretation schon auf den Punkt.

2. Teilaufgabe
Im Folgenden gilt es nun zu erörtern, inwieweit Radischs inhaltliche Zusammenfassung und interpretatorische Schwerpunktsetzung angemessen und sachgerecht sind.
Radischs inhaltliche Einführung in den Roman ist - wie gezeigt - sprachlich anschaulich gestaltet und für den Leser informativ, vor allem auch deshalb, weil der Leser mit in die Stimmung des Romans „hineingeholt" wird. Eine formal langweilige Inhaltsangabe wird dadurch vermieden.
Wichtig und informativ sind auch die Hinweise zur historischen und geographischen Verortung des Romans. Den Blick auf den Autor nutzt Radisch, um in diesem Zusammenhang den ersten Teil ihres Interpretationsansatzes zu verankern.

Die von ihr angesprochene Untergangsstimmung ist für weite Teile des Romans grundlegend. Im Rahmen einer breiteren Darstellung hätte dieser Grundton des Romans aber differenzierter herausgearbeitet werden müssen: Beim Lesen des Romans wird deutlich, wie sich diese Stimmung bei Mendel allmählich entfaltet, wie sehr er zunehmend am Zusammenbruch dieser Schtetl-Welt leidet, was dann schließlich bei ihm, der zu Beginn der Handlung im Glauben gefestigt ist, zu seinen Zweifeln führt. Er sieht seine Familie auseinanderbrechen; muss nach Amerika auswandern, weil die Tochter die Familienehre in Gefahr bringt, und den behinderten Sohn zurücklassen. Im fremden Land gelingt es ihm nicht, wieder Fuß zu fassen. Ihn quälen Selbstzweifel, die bis zum Verlust seiner Identität gehen. Das wundersame Ende des Romans trägt deutlich märchenhafte Züge – wie Radisch auch feststellt. Dieses Ende ist in der Anlage des Romans wenig motiviert, auch wenn man als Leser von Beginn an ahnt, dass Menuchim noch eine zentrale Rolle zukommen wird. Insofern ist Radisch zuzustimmen, wenn sie in dem Ende einen schon zwanghaften Willen zum Glück sieht, der beim Leser, welcher um die völlige Vernichtung der jüdischen Welt im Osten nur wenige Jahre später weiß, aber nur Verzweiflung zurücklässt angesichts der Ereignisse. Sprachlich unangemessen und sachlich deutlich verkürzend ist es allerdings, wenn sie in Menuchim zunächst den „Frosch des Ostens" sieht, der dann zum „Prinz des Westens" wird. Damit wird die religiöse Ebene des Romans ausgeblendet: Mendel trägt die Geschichte des jüdischen Volkes auf seinen Schultern, eines Volkes auf der Flucht, verfolgt, leidgeprüft und heimatlos, das aber dennoch – in der Vorstellung der Juden – Gottes auserwähltes Volk ist. Wenn nun Menuchim sich am Ende für seinen Vater Mendel als wundersamer Retter erweist, dann wird durch ihn damit – sicherlich märchenhaft überhöht(!) – diese jüdische Verheißung wahr. Dies aber in das Bild des Froschs bzw. des Prinzen zu fassen, ist eine deutliche Verkürzung durch Radisch.

Schluss:
In dem vorliegenden Artikel stellt die Literaturjournalistin Iris Radisch den Roman „Hiob" von Joseph Roth in seiner inhaltlichen Struktur anschaulich vor. Der Interpretationsansatz sollte – wie gezeigt – jedoch differenziert werden. Allerdings ist hier auch zu beachten, in welchem Kontext der Artikel steht: Im Rahmen der ZEIT-Schülerbibliothek sollten 50 bedeutende Werke der Literatur kurz vorgestellt und interpretiert werden, d.h. die journalistisch zugespitzte und verkürzte Form der Darstellung ist damit schon vorgegeben. Inwieweit Radisch mit ihrer Interpretation „Zum Verzweifeln glücklich" Schülerinnen und Schüler motiviert, den Roman (freiwillig) zu lesen, ist eine offene Frage.

1. → 2. → 3. → 4. → 5. → **6. Klausur überarbeiten**

Die Zeit für Ihre Klausur sollten Sie so einteilen, dass Sie Ihren Text vor der Abgabe noch einmal überarbeiten können. Nutzen Sie dazu die Hinweise zur ersten Musterklausur auf S. 15. Bei den vorliegenden Aufgabenstellungen können Sie sich noch folgende Fragen stellen:

- Sind Sie zu einer differenzierten Beurteilung gekommen? Anders gesagt: Haben Sie oberflächliche Urteile vermieden, die auf einer subjektiven Meinungsebene liegen, z. B. „Ich finde …"; „Ich meine ..!"?
- Haben Sie Ihre Darlegungen (z. B. durch Textbelege) hinreichend argumentativ gestützt?

Musterklausur 3

Joseph Roth: Ein Jude geht nach Amerika (1927)

In seinem Essayband „Juden auf Wanderschaft" schreibt Joseph Roth, selbst Ostjude, über die Sehnsucht seiner Glaubensgenossen nach Amerika.

Amerika ist die Ferne. Amerika heißt die Freiheit. In Amerika lebt immer ein Verwandter.

Es ist schwer, eine jüdische Familie im Osten zu finden, die nicht irgendeinen Vetter, irgendeinen Onkel in Amerika besitzen würde. Vor zwanzig Jahren ist einmal einer ausgewandert. Er floh vor dem Militär. Oder er desertierte, nachdem er assentiert[1] worden war. [...]

Das sind heute die sagenhaften Vettern der Ostjuden. Die früheren Deserteure sind drüben reiche, zumindest wohlhabende Kaufleute. Der alte jüdische Gott war mit ihnen. Er belohnte ihre Militärfeindschaft.

Dieser Vetter aus Amerika ist die letzte Hoffnung jeder ostjüdischen Familie. Er hat schon lange nicht geschrieben, dieser Vetter. Man weiß nur, dass er sich verheiratet und Kinder gezeugt hat. Irgendein altes, vergilbtes Bild hängt an der Wand. Vor zwanzig Jahren kam es an. Zehn Dollar lagen dabei. Man hat lange nichts mehr von ihm gehört. Dennoch zweifelt die Familie in Dubno[2] nicht, dass man ihn in New York oder Chikago finden wird. Freilich heißt er nicht mehr so jüdisch, wie er zu Hause genannt worden war. Er spricht Englisch, er ist ein amerikanischer Staatsbürger, seine Anzüge sind bequem, seine Hosen weit, seine Röcke haben breite Schultern. Man wird ihn doch erkennen. Der Besuch wird ihm vielleicht nicht angenehm sein. Hinauswerfen wird er seine Verwandten sicher nicht.

Und während man so seiner gedenkt, kommt eines Tages der Briefträger mit einem dicken Einschreibebrief. Dieser Brief enthält Dollars, Anfragen, Wünsche und Grüße und verspricht „bald eine Schiffskarte".

Von diesem Augenblick an „fährt man nach Amerika". Die Jahreszeiten wechseln, die Monate reihen sich aneinander, das Jahr verrollt, man hört nichts von einer Schiffskarte, aber man „fährt nach Amerika". Die ganze Stadt weiß es, die umliegenden Dörfer wissen es und die benachbarten kleinen Städte.

Ein Fremder kommt und fragt: „Was macht Jizchok Meier?" „Er fährt nach Amerika", erwidern die Einheimischen; indessen Jizchok Meier noch heute und morgen, wie gestern und vorgestern, seinen Geschäften nachgeht und scheinbar sich nichts in seinem Haus verändert.

In Wirklichkeit verändert sich viel. Er stellt sich nämlich um. Er rüstet innerlich für Amerika. Er weiß genau, was er mitnehmen und was er behalten wird, was er zurücklassen und was er verkaufen wird. [...]

Der Jude, der nach Amerika will, lernt nicht etwa Englisch. Wie er im fremden Land zurechtkommen wird, weiß er schon. Er spricht Jiddisch, die am weitesten verbreitete, geographisch, nicht zahlenmäßig verbreitete Sprache. Er wird sich verständigen. Er braucht nicht Englisch zu verstehen. Die seit 30 Jahren im Judenviertel von New York ansässigen Juden sprechen auch noch Jiddisch und können ihre eigenen Enkel nicht mehr verstehen. Die Sprache des fremden Landes kann er schon. Es ist seine Muttersprache. Auch Geld hat er. Ihm fehlt nur noch der Mut.

Er fürchtet nicht Amerika, er fürchtet den Ozean.

Aus: Joseph Roth, *Juden auf Wanderschaft*, Deutscher Taschenbuch Verlag, München 2006, S. 86–90

Worterklärungen: 1 assentieren – zum Militärdienst eingezogen werden; 2 Dubno – kleine Stadt in der Ukraine, gemeint ist hier wohl das Schtetl in Dubno.

Aufgabenstellung

1. Analysieren Sie den Essayauszug von Joseph Roth, indem Sie herausarbeiten, welche Bedeutung aus seiner Sicht Amerika für die Ostjuden hat.
2. Überprüfen Sie, inwieweit sich dieses Amerikabild auch auf seinen Roman „Hiob" beziehen lässt.

1. Erstes Überfliegen des Textes – Aufgabenstellung erfassen → 2. → 3. → 4. → 5. → 6.

Überfliegen Sie den Text von Joseph Roth, und verschaffen Sie sich einen ersten Überblick.

- Wer ist der Autor? In welcher Rolle tritt er auf?
- Welche Form des Sachtextes liegt vor?
- Wann ist der Text veröffentlicht worden?
- Worum geht es? Welche These wird vertreten?
- Wie wird diese These argumentativ gestützt/belegt/erläutert?

Formulieren Sie zu dem Text eine Verstehenshypothese.

Der Autor Joseph Roth – selbst Ostjude – hält in seinem Essayauszug fest, dass der Traum von Amerika als dem gelobten Land für im Schtetl lebende Ostjuden zu einer (rettenden) Illusion werden kann, zu deren Verwirklichung aber der Mut fehlt.

Lesen Sie nun die Aufgabenstellung genau durch. Achten Sie dabei vor allem auf die Arbeitsanweisungen (Operatoren).

Die vorliegende Aufgabe gehört zur **Aufgabenart I**, und zwar hier **Typ A**, der so definiert ist: *Analyse eines Sachtextes mit weiterführendem Schreibauftrag.*

Die **erste Teilaufgabe** erfordert eine Analyse mit besonderer Schwerpunktsetzung. Das heißt, das, was der übergeordnete Operator „analysieren" verlangt (Texterfassung, Textbeschreibung, Textdeutung), ist vor allem im Hinblick auf das dargestellte Amerikabild zu erschließen. Diese Schwerpunktsetzung ist eine deutliche Hilfestellung, denn hier ist das entscheidende Ziel der Analyse benannt. Sie sollten es bei der gesamten Textbetrachtung nicht aus dem Auge verlieren.

Die **zweite Teilaufgabe** baut auf den Analyseergebnissen der ersten auf. Hier geht es darum, die Ergebnisse des Essayauszuges, genauer: die Überlegungen Roths über die Bedeutung Amerikas für die Ostjuden, auf den Roman – also einen literarischen Text – zu beziehen. Das heißt, Sie müssen überprüfen, inwieweit sich die grundsätzlichen Aussagen Roths über die Vorstellung von Amerika bei den Ostjuden in seinen literarisch konkret dargestellten Personen spiegeln.

In der Gewichtung ist die erste Teilaufgabe bedeutender als die zweite (etwa drei Fünftel zu zwei Fünftel). Im Abitur würde das über die Punktzahl, die hinter den einzelnen Teilaufgaben steht, deutlich.

1. → **2. Text aspektorientiert erschließen** → 3. → 4. → 5. → 6.

Teilschritt: Inhalt des Textes sichern (→ 1. Teilaufgabe)

Lesen Sie den Text mehrfach durch und gliedern Sie ihn in Sinnabschnitte. Dazu sollten Sie sich Schlüsselwörter markieren und Randnotizen machen.

1. Abschnitt (Z. 1–7): Sehnsucht der Ostjuden nach Amerika, ausgelöst durch einen fernen Verwandten – „irgendeinen Vetter" (Z. 2) –, der vor dem Militärdienst geflohen ist und es in Amerika zu Wohlstand gebracht hat.

2. Abschnitt (Z. 8–16): Auf dem „Vetter aus Amerika" (Z. 8) ruhen nun Hoffnungen, auch wenn man wenig über sein Leben in Amerika weiß und über Jahre nichts gehört hat. Man macht sich Vorstellungen von seiner (nun amerikanischen) Lebensweise und ist zuversichtlich, dass er seine Verwandten nicht abweisen wird, wenn die bei ihm anklopfen.
3. Abschnitt (Z. 17–19): Die Vorstellung vom Auswandern konkretisiert sich durch einen Brief des Vetters, der verspricht, bald eine Schiffsfahrkarte zu schicken.
4. Abschnitt (Z. 20–23): Von diesem Augenblick an ist man gewiss, nach Amerika zu fahren. Äußerlich ändert sich zwar nichts im Leben, aber innerlich rüstet man sich für Amerika.
5. Abschnitt (Z. 30–37): Konkrete Anstrengungen für die Auswanderung unternimmt man allerdings nicht, etwa die Sprache zu lernen. Es fehlt der Mut zur Umsetzung des Plans.

Teilschritt: Aufbau und Argumentationsstruktur des Textes untersuchen (→ 1. Teilaufgabe)

Verdeutlichen Sie sich Aufbau und Argumentationsstruktur des Textes. In diesem Zusammenhang sollte auch erkennbar werden, in welcher Rolle der Autor auftritt und welche Form des Sachtextes vorliegt.

Aufbau und Argumentationsstruktur:

1. Abschnitt: Der erste Abschnitt beschreibt die Sehnsucht der Ostjuden nach Amerika, dem Land der Freiheit, in dem man zu Reichtum gelangen kann. Die ersten drei Sätze umreißen schon das Thema: Die Vision von Amerika als dem Gelobten Land der Freiheit und des Wohlstands.
2. Abschnitt: Der zweite Abschnitt ist bestimmt von der Zuversicht, den Verwandten in Amerika einmal aufzusuchen. Auch wenn das Fehlen aller konkreten Details nahelegt, dass hier eine Illusion genährt wird.
3. Abschnitt: Durch den Brief des Vetters wird im dritten Abschnitt die Vorstellung von der baldigen Abreise verstärkt und konkretisiert.
4. Abschnitt: Aus der vagen Illusion wird eine feste Suggestion: Die Abreise nach Amerika steht bevor, auch wenn die versprochene Schiffskarte auf sich warten lässt.
5. Abschnitt: Im fünften Abschnitt wird deutlich, dass es sich um Illusionen handelt, an die auch die Betroffenen nicht wirklich glauben. Die Auswanderung nach Amerika wird nicht konkret betrieben, bleibt reine Chimäre. Im letzten Satz gesteht man sich die Illusion ein: Es fehlt an Mut und Willen, sich der Ferne zu stellen. Aber auch hier noch Selbsttäuschung – es ist nicht das Unbekannte, was man fürchtet, nein, es ist der Weg dahin.

Fazit: Joseph Roth stellt in seinem Text in einer steigenden Spannungskurve die Selbsttäuschungen seiner Glaubensgenossen dar, die am Ende abrupt entlarvt werden. Die Aussage des Textes steht in krassem Widerspruch zur Überschrift, der eine konkrete Handlung ankündigt.

Autor und Text:

Der Autor hält in einem Essay, d. h. einem Sachtext mit literarischem Anspruch, auf der Grundlage eigener Erfahrung fest, wie Amerika für die Ostjuden zur melancholischen Vision wird, einem Sehnsuchtsort, der nie erreicht wird und auch nicht erreicht werden will.

Teilschritt: Sprachliche Darstellung untersuchen (→ 1. Teilaufgabe)

Zur Analyse eines Sachtextes gehört es auch, dessen sprachliche Darstellung zu untersuchen. Allerdings sollte diese in ihrer Funktion betrachtet werden.

Stellen Sie charakteristische sprachliche Mittel heraus, und analysieren Sie deren Funktion.

- „Amerika ist die Ferne. Amerika heißt die Freiheit" (Z. 1): Knapper, präziser, allgemeingültiger Aufriss der Amerikavision zu Beginn des Textes.
- „In Amerika lebt immer ein Verwandter." (Z. 1): Allgemeine Aussage, die die Vision zu einer Aussage aller Ostjuden macht (vgl. auch Z. 2).
- Allmähliche Konkretion dieser allgemeinen Aussage durch den „Vetter aus Amerika" (Z. 8, vgl. auch Z. 2 u. Z. 5), um die Illusion in ihrer Wirkung zu veranschaulichen.
- Die Desillusionierung am Ende „Ihm fehlt nur noch der Mut." (Z. 35 f.) wird am Schluss des Textes metaphorisch abgerundet: „[E]r fürchtet den Ozean." (Z. 37)
- Das Indefinitpronomen „man" beherrscht die Sätze. Das Fehlen von Personalpronomen zeigt, dass es sich um Gedankenreisen, nicht um konkrete Pläne handelt.
- Weitere Mittel der Veranschaulichung: Zitate aus dem Brief des Vetters (vgl. Z. 19 ff.); konkrete Namensnennung des Juden, der nach Amerika will (vgl. Z. 25).
- Auffallend ist der melancholisch-schwermütige Ton dieser „Gedankenreise" nach Amerika; ein Ton, der das Lebensgefühl der Ostjuden spiegelt.

Teilschritt: Bedeutung des Amerikabildes für die Ostjuden untersuchen (→ 1. Teilaufgabe)

Die Aufgabenstellung verlangt von Ihnen, die Bedeutung des Amerikabildes für das Ostjudentum zu erarbeiten. Das ist auch Voraussetzung für die Beantwortung der zweiten Teilaufgabe.

Fassen Sie zusammen, welches Amerikabild sich in dem Text ergibt.

- Für die Ostjuden ist die Vorstellung von Amerika eine präsente Vision, ein Hoffnungsschimmer im elenden Alltag. In Amerika kann man zu Wohlstand gelangen, wenn auch um den Preis der „Amerikanisierung" des Lebensstils, der Kleidung.
- Die Haltung gegenüber Amerika ist im Grunde ambivalent. Die Hoffnung auf Amerika wird als Illusion genährt, die man aber nicht wirklich in Angriff nehmen will, weil man die Fremde fürchtet.
- Im Text wird dies an der Frage der Sprache verdeutlicht. Man braucht die fremde Sprache nicht zu lernen, weil doch jeder Jiddisch spricht. Gleichzeitig weiß man, dass das der amerikanischen Realität nicht entspricht.

Fazit: Amerika ist eine Vision, ein Bild, das den Alltag besser ertragen hilft, Jeder weiß aber auch, dass es sich um eine Illusion handelt.

Teilschritt: Thesen zur Textdeutung formulieren (→ 1. Teilaufgabe)

Formulieren Sie zentrale Deutungsthesen des Textes.

- Joseph Roth stellt in dem Auszug aus seinem Essay eine Amerikavision dar, wie sie für die Ostjuden Anfang des 20. Jahrhunderts typisch war.
- Der Titel des Essays „Ein Jude geht nach Amerika" (1927) legt nahe, dass diese Vision auch umgesetzt wird. Im Text stellt sich aber allmählich heraus, dass es sich um eine Illusion handelt, die nur in Gedanken durchgespielt wird.
- Die Darstellung des Essays wird zunehmend anschaulicher und konkreter, der Ton immer melancholischer. Der Text endet in einer Desillusionierung: Die Vision platzt, weil der Mut fehlt.

1. → 2. → **3. Eigenständige Position entwickeln** → 4. → 5. → 6.

Teilschritt: Essayauszug und Roman vergleichen (→ 2. Teilaufgabe)

Nach der Analyse des Sachtextes sind Sie nun aufgefordert zu überprüfen, inwieweit sich Ihre Ergebnisse auf den Roman beziehen lassen. Dabei ist zu überlegen, welche inhaltlichen Bezüge es gibt und welche Darstellungsvarianten sich ergeben. Dazu können Sie Ergebnisse aus dem Unterricht einfließen lassen, aber auch die Ergebnisse aus den ersten beiden Klausuren und dem Interpretationsteil in diesem Klausurtraining. Ausgangspunkt Ihrer Überlegungen ist der Essayauszug von Joseph Roth. Folgende Fragen können für Sie hilfreich sein, um die geforderte Überprüfung fundiert und argumentativ eigenständig durchführen zu können:

- Welche Gemeinsamkeiten und Unterschiede gibt es zwischen dem Amerikabild in Roths Essayauszug (1927) und dem in seinem Roman „Hiob" (1930)?
- Was verbindet/unterscheidet Joseph Roths Essay in Darstellung und Wirkung mit/von seinem Roman „Hiob"?

Überprüfen Sie nun, inwieweit sich die Ergebnisse der Analyse auf den Roman beziehen lassen. Um Ihre Position argumentativ zu stützen, sollten Sie auf Inhalt und Struktur des Romans verweisen, d.h. gute Textkenntnisse sind hier erforderlich.

Gemeinsamkeiten zwischen Essay und Roman:
- Einzelne Handlungsaspekte hat Roth aus dem Essay übernommen, um sie im Roman literarisch auszubauen: Schemarjah flieht vor dem russischen Militär nach Amerika; die Briefe Schemarjahs sind inhaltlich so konzipiert, wie der erwähnte Brief im Essay; die gedankliche Auseinandersetzung mit Amerika ist bei der Romanfigur Mendel Singer ähnlich gestaltet; auch die Reaktion der Nachbarn ist wiedererkennbar.

Unterschiede zwischen Essay und Roman:
- Im Roman ist es kein ferner Verwandter („Vetter"), der nach Amerika ausgewandert ist, sondern Mendels Sohn. Daraus ergeben sich andere Verbindlichkeiten und Vorstellungen zu/über Amerika, bei Mendel mehr persönlich motiviert: Seine familiäre Situation (Sohn Menuchim behindert, Tochter Mirjam mannstoll) → Hoffnung auf „Rettung" zumindest der Teilfamilie in Amerika.
- Bleibt es beim Essay bei der Gedankenreise nach Amerika, die am Ende wegen fehlenden Muts nicht in die Wirklichkeit umgesetzt wird, so reist Mendel mit einem Teil der Familie – so die Handlungsstruktur des Romans – tatsächlich nach Amerika, wo es zu einer Desillusionierung vor Ort kommt im Vergleich zur nur gedanklichen Desillusionierung im Essay.
- Das Problem der sprachlichen Assimilation – im Textauszug teilweise entkräftet, weil die Juden auch in Amerika Jiddisch sprechen – wird im Roman nur am Rande thematisiert.

Fazit:
- Einzelne inhaltlich-thematische Aspekte des Essays (1927) sind im Roman (1930) in eine Gesamthandlung eingebettet und damit entfaltet.
- Bemüht sich der Essay auch schon um Konkretisierung und Veranschaulichung, so wird das im Roman durch das Schicksal der Familie Singer deutlich literarisch in Szene gesetzt mit entsprechender Wirkung. Nimmt der Leser den Essay mehr als Informationstext wahr, so hat er im Roman die Möglichkeit, mit Mendel Singer zu leiden.

1. → 2. → 3. → **4. Gliederung erstellen** → 5. → 6.

Orientieren Sie sich an der Struktur der ersten Musterklausur, um die Gliederung zu erstellen. Eine Einordnung der Textstelle in den Kontext können Sie hier nicht vornehmen.

Vervollständigen Sie die inhaltlichen Aspekte der Gliederung auf der Grundlage der Vorarbeiten.

Einleitung:
Autor, Textsorte, Thema (Amerikavision), Entstehungszeit und ihre Bedeutung

Hauptteil:
1. Teilaufgabe: Textanalyse mit Schwerpunkt: Bedeutung Amerikas für die Ostjuden

a) Amerika – (anscheinend) das gelobte Land – Aufbau einer Illusion
…

b) Hoffnung auf Überfahrt, Gedanken zum „American way of life"
…

c) Desillusion am Ende
…

d) Melancholisch-schwermütiger Ton in der Darstellung (kann den Punkten a)–c) auch vorangestellt oder in diese integriert werden)

2. Teilaufgabe: Überprüfung der Ergebnisse am Roman

a) Handlungsaspekte, die Roth aus dem Essay in den Roman übernimmt
…

b) Inhaltliche Unterschiede zwischen Essay und Roman
…

c) Essay 1927 – Roman 1930: unterschiedliche Darstellungs- und Wirkungsweise
…

Schluss:
Joseph Roths Amerikabild – Schlussfolgerungen aus Essay und Roman

1. → 2. → 3. → 4. → **5. Klausur schreiben** → 6.

Schreiben Sie auf der Grundlage Ihrer Vorarbeiten nun die Klausur.

Einleitung:
Der Autor Joseph Roth – selbst Ostjude – stellt in dem 1927 verfassten Essay „Ein Jude geht nach Amerika", der hier in Auszügen vorliegt, dar, wie die Illusion von Amerika als dem gelobten Land für im kärglichen Schtetl lebende Ostjuden zu einem rettenden Anker werden kann. In seinem Text bleibt dieser Traum aber eine melancholische Gedankenreise, die nie in die Tat umgesetzt wird und am Ende in einer Desillusionierung endet. Der Titel des Essays (indikativisch formuliert) ist also zunächst für den Leser irritierend.
Das Amerikabild dieses Essayauszuges gilt es im ersten Teil dieser Klausur zu analysieren; im zweiten Teil soll überprüft werden, inwieweit der Autor Roth das Amerikabild dieses Essays drei Jahre später aufgegriffen hat, um es in seinem Roman „Hiob" zu entfalten. Eine persönliche, essayistische Abhandlung und ein literarischer Text müssen also hier in Beziehung gebracht werden.

Hauptteil:

1. Teilaufgabe

„Amerika ist die Ferne. Amerika heißt die Freiheit." (Z. 1) Dieser knappen, allgemeingültig gehaltenen Amerikavision folgt die Aussage: „In Amerika lebt immer ein Verwandter." (Z. 1) Mit diesen kurzen Sätzen beginnt der erste Abschnitt des Textes (Z. 1-7) und damit ist die Sehnsucht der Ostjuden nach Amerika initiiert; konkretisiert, individualisiert und veranschaulicht wird sie durch „irgendeinen Vetter" (Z. 2), den jede ostjüdische Familie in Amerika hat. Dieser Vetter ist - so Roth - das Bindeglied zwischen den Ostjuden und Amerika. Er, der möglicherweise nach Amerika gegangen ist, um dem russischen Militärdienst zu entgehen, ist jetzt ein wohlhabender Kaufmann (vgl. Z. 6) und in der Wahrnehmung der Ostjuden damit vom „alte[n] jüdische[n] Gott" (Z. 6) belohnt. Die Freiheitsvision, der Traum, dass alles möglich ist, wird in der Vorstellung der Ostjuden also auch noch religiös legitimiert.
Dieser visionäre Aufriss im ersten Abschnitt wird zu Beginn des zweiten (Z. 8-16) durch den Hinweis getrübt, dass „der Vetter aus Amerika" „die letzte Hoffnung jeder ostjüdischen Familie" (Z. 8) ist. Die Imagination, wie der Vetter in Amerika leben wird, die vage Zuversicht, dass er seine Verwandten „sicher nicht" [h]inauswerfen wird" (Z. 15 f.), werden in der Darstellung Roths zu melancholischen Hoffnungsgedanken der Ostjuden, zumal man „lange nichts mehr" (Z. 11) von ihm gehört hat.
Konkretisiert wird diese Amerikavision zunächst noch einmal in den letzten Abschnitten (Z. 17-37), wodurch aber das tragische, desillusionierende Ende nur noch schwerer wiegt: Ein Brief dieses amerikanischen Vetters verspricht „‚bald eine Schiffskarte'" (Z. 19) für die Überfahrt. Die suggestive und imaginierende Wirkung dieses Briefes stellt Roth anschaulich heraus: „Von diesem Augenblick an ‚fährt man nach Amerika'." (Z. 20) - auch wenn die Schiffskarte (noch lange) nicht kommt. Es ist eine Gedankenreise, die die „Wirklichkeit verändert" (Z. 27) und die nun auch den Titel des Essays erklärt. Roth verdeutlicht dies, indem er das ostjüdische Verhalten in „Jizchok Meier" (Z. 24) individualisiert. Jizchok rüstet sich „innerlich für Amerika" (Z. 27), seine Nachbarn, die umliegenden Dörfer nehmen Anteil an seinen Plänen. Er glaubt, nicht Englisch lernen zu müssen, weil die seit 30 Jahren in New York lebenden Juden noch Jiddisch sprechen, allerdings können sie „ihre eigenen Enkel nicht mehr verstehen" (Z. 34), wie Roth beißend kommentiert. Vor der notwendigen Anpassung an die amerikanischen Lebensverhältnisse schreckt man zurück. Der schwermütige Amerikatraum muss deshalb in der Desillusionierung enden: Alles ist vorbereitet, ihm „fehlt nur noch der Mut." (Z. 35 f.)
Roth vergegenwärtigt in diesem Essay die Amerikavision der im Schtetl lebenden Ostjuden. Es ist ein Essay mit literarischer Qualität, was sich auch an seinem metaphorischen Schluss zeigt, wenn Roth über den Juden, der nach Amerika will, sagt: „Er fürchtet nicht Amerika, er fürchtet den Ozean." (Z. 37)

2. Teilaufgabe

Roths im Essay von 1927 entwickeltes Amerikabild gilt es nun - wie in der Einleitung schon erwähnt - in Beziehung zu setzen zum Amerikabild, das in seinem Roman „Hiob", der 1930 erscheint, erkennbar ist.
Hier zeichnen sich einige Parallelen ab: In beiden Texten wird Amerika aus der Perspektive der ostjüdischen Schtetl-Bewohner wahrgenommen; auch die schwermütige Grundhaltung in dieser Amerikawahrnehmung ist vergleichbar, denn einerseits gilt Amerika als das gelobte Land, andererseits geht damit aber einher, die vertraute Schtetl-Heimat zurückzulassen. Um diese Umbruchsituation zu veranschaulichen, sind einzelne Handlungselemente im Essay schon konkretisiert, die im Roman noch weiter ausgebaut werden: Das Motiv, nach Amerika auszuwandern, um dem russischen Militärdienst zu entkommen, wie es im Essay erwähnt ist, nimmt Roth im Roman für Mendel Singers Sohn Schemarjah auf. Schemarjah hat in Amerika als Kaufmann Erfolg,

schickt der Familie Briefe mit der Aussicht, nach Amerika nachzukommen, wie es auch im Essay angesprochen ist. Die sich daran anschließende innere, gedankliche Auseinandersetzung mit Amerika ist bei Jizchok Meier im Essay ähnlich konzipiert wie bei Mendel Singer im Roman. Schließlich sind die jeweiligen Reaktionen der Nachbarn vergleichbar.
Daneben gibt es aber auch gravierende inhaltliche Unterschiede: Im Roman „Hiob" ist es kein ferner Verwandter („Vetter"), der nach Amerika ausgewandert ist, sondern Mendels Sohn, woraus sich für Mendel andere Verbindlichkeiten und Vorstellungen zu und über Amerika ergeben. Der Gedanke, nach Amerika zu gehen, kommt auch in Mendel auf, um so seine Tochter Mirjam davor zu bewahren, sich weiter an russische Kosaken zu verlieren. Er will zumindest einen Teil seiner Familie retten. Dass er seinen behinderten Sohn Menuchim im Schtetl zurücklassen muss, steigert die Tragik dieser Entscheidung nur. Mendels Amerikagedanken sind also in erster Linie privat motiviert; ihm geht es nicht darum, in Amerika Karriere zu machen.
Hervorzuheben ist noch ein weiterer augenfälliger Unterschied zwischen Essay und Roman: Bleibt es im Essay bei der melancholischen Gedankenreise, die am Ende wegen des fehlenden Muts nicht umgesetzt wird, so reist Mendel mit seiner Teilfamilie „tatsächlich" nach Amerika. Im Vergleich zur gedanklichen Desillusionierung im Essay kommt es im Roman zur Desillusionierung vor Ort: Die Ankunft in Amerika und die damit verbundenen Eindrücke überfordern Mendel physisch, psychisch und emotional, sodass er schließlich „ohnmächtig" (Roman S. 80) wird. Aufgrund weiterer persönlicher Schicksalsschläge und weil er Menuchim im Schtetl zurücklassen musste, findet Mendel seinen Ort in der Neuen Welt nicht. Amerika erweist sich für ihn als ein „tödliches Vaterland" (S. 104); hier hat er „keine Heimat", „kein Geld", „keinen Gott" (S. 109) mehr. Wenn es am Ende – bedingt durch die wundersame Genesung Menuchims – doch noch zur Rettung Mendels kommt, so ist diese kaum an Amerika gebunden, sondern eher ein himmlischer Friede.
Vergleicht man nun das Amerikabild im Essay (1927) mit dem im Roman „Hiob" (1930) in seiner Darstellungs- und Wirkungsweise, so fällt auf, dass Roth sich bereits im Essay durch das Ausmalen konkreter Situationen um die Veranschaulichung des Amerikabildes bemüht hat. Es sind also schon ansatzweise literarische Züge erkennbar; dennoch nimmt der Leser den Essay – auch wegen seiner Kürze – eher als Informationstext wahr. Das Schicksal der Familie Singer ist dagegen im Roman deutlich breiter entfaltet und literarisch in Szene gesetzt. Reagiert der Leser noch mit leichtem Amüsement darauf, wie sich die Amerikaträume im Essay auflösen, so leidet er im Roman bei Mendel Singers zwiespältigen Amerikaerfahrungen mit.
Essay und Roman gemeinsam ist die skeptische Einstellung gegenüber den positiven Vorstellungen von Amerika als dem gelobten Land. Bleibt den jüdischen Auswanderungswilligen im Essay erspart, in der Realität anzukommen, muss Mendel im Roman die Ambivalenz dieser Träume durchleben.

Schluss:
Im Essay und im Roman „Hiob" entwickelt Roth ein Traumbild, eine Illusion von Amerika; in beiden Texten wird diese Illusion am Ende zerstört. Im Roman „Hiob" ist diese Amerikakritik deutlich expliziter, weil Roth seine literarische Figur Mendel Singer Erfahrungen vor Ort machen lässt: Die moderne technische Welt beraubt das Individuum seiner persönlichen, familiären (und religiösen) Dimension.

1. → 2. → 3. → 4. → 5. → **6. Klausur überarbeiten**

Die Zeit für Ihre Klausur sollten Sie so einteilen, dass Sie Ihren Text vor der Abgabe noch einmal überarbeiten können. Nutzen Sie dazu die Hinweise zu den ersten beiden Musterklausuren auf S. 15 und S. 22.

1 Blick auf Inhalt und Themen des Romans

In seinem Roman „Hiob“ (1930) erzählt Joseph Roth, selbst Ostjude, die Geschichte eines „einfachen Mannes“ (Untertitel), des Ostjuden Mendel Singer, der in der Zeit vor dem ersten Weltkrieg mit seiner Frau Deborah, seinen drei Söhnen und seiner Tochter in einem Schtetl (jüdische Siedlung in Osteuropa) in Wolhynien (Landschaft in der nordwestlichen Ukraine) lebt.

Schicksalhafte Geschichte einer Familie aus Osteuropa

Die Geschichte des „einfachen Mannes“ Mendel Singer ist keine einfache Geschichte, wie im Untertitel versprochen wird, sondern ein Roman mit komplexen **thematischen und literarischen Ebenen**.

Joseph Roth thematisiert hier – sicherlich auch teilweise autobiographisch – Geschichte, **Lebensweise im Schtetl** und Schicksal einer **ostjüdischen Familie** zu Beginn des 20. Jahrhunderts. Mit der Auswanderung dieser Familie nach Amerika rückt der **amerikanische Traum**, das (scheinbar) „gelobte Land“ ins Zentrum der Betrachtung. Die **Suche nach Heimat** im fernen Land wird zum Problem, das sich erst im **legenden- und märchenhaften Ende auflöst**.

Lebensraum Schtetl ↔ Lebensraum Amerika – Suche nach Heimat

Schließlich legt schon der **Titel des Romans „Hiob“** nahe, Verbindungslinien und Parallelen zwischen dem Protagonisten Mendel Singer und dem biblischen Hiob aus dem gleichnamigen Buch des Alten Testaments zu suchen, einem rechtschaffenen und gottesfürchtigen Mann, dessen Glaubensprüfung Gott zulässt.

Auf einen Blick

- Die enge Welt des jüdischen Schtetls und die weite Welt des Möglichen in Amerika bilden gegensätzliche Lebensräume und die Grundlage für gegensätzliche Lebensträume.
- Die Gegensätze werden durch einen legenden- und märchenhaften Schluss aufgehoben.
- Der Titel des Romans „Hiob“ verweist auf Bezüge zum gleichnamigen Buch aus dem Alten Testament.

2 Aufbau und Inhalt des Romans

Der Roman ist in **zwei Teile** gegliedert und innerhalb dieser zwei Teile in **Kapitel** unterteilt, was dem Leser Lektüre und inhaltliche Orientierung sehr erleichtert, denn die formale Aufteilung spiegelt den schematisierten inhaltlichen bzw. den **chronologischen Verlauf** wie auch die **Lokalisierung** der erzählten Geschichte wider:

Klare inhaltlich-formale Aufteilung des Romans in zwei in Kapitel gegliederte Teile

Der **erste Teil** (Kapitel 1–9, S. 3–81) **spielt von Mitte der 1890er-Jahre bis kurz vor dem ersten Weltkrieg** in Mendel Singers russischer Heimat, dem Schtetl Zuchnow, und erzählt die zunehmend schwierige Geschichte seiner Familie. Im **zweiten Teil** (Kapitel 10–16, S. 82–146), der die **Zeit vor bis nach dem ersten Weltkrieg** umfasst, steht der Aufenthalt der (Teil)-Familie in New York im Zentrum. Der anfängliche wirtschaftliche Erfolg des zweiten Sohnes wird deutlich überlagert von weiteren familiären Tragödien, die sich am Ende wundersam „auflösen“, als der behinderte Menuchim als Alexej Kossak – nun bewunderter Komponist und Musiker – mit seinem Orchester ein Gastspiel in New York gibt und sich in diesem Zusammenhang seinem Vater Mendel Singer zu erkennen gibt.

Zu **Beginn des Romans** stellt uns der deutlich auktorial wertende Erzähler Mendel Singer als „gottesfürchtig[en]“, „ganz alltägliche[n] Jude[n]“ (S. 3) vor, der mit seiner Frau Deborah und seinen drei Kindern Jonas, Schemarjah und Mirjam im Schtetl Zuchnow in sehr bescheidenen Verhältnissen, aber glücklich lebt, wozu die tägliche Ausübung seines Glaubens entscheidend beiträgt. Dieser „Reigen aus Mühsal“ (S. 5), der aber den Alltag strukturiert, gerät durch die Geburt des behinderten vierten Kindes, Menuchim, ins Wanken.

Prophezeiung des Rabbis als handlungsauslösendes Element des Romans

Mit der orakelhaften Prophezeiung des Rabbis bezüglich der Behinderung Menuchims („Der Schmerz wird ihn weise machen, die Hässlichkeit gütig […]“, aber erst nach „langen Jahren“. S. 12) endet

Familiäre Schicksalsschläge als handlungsleitende Motive

einerseits das erste Kapitel, andererseits ist diese Prophezeiung das handlungsauslösende Element und ein wiederkehrendes (Hoffnungs- und Mahnungs-)Motiv des Romans. Mit den weiteren Kapiteln beginnt das Warten auf Menuchims Gesundung, beginnt die Misshandlung, der er sich von Seiten der älteren Geschwister ausgesetzt sieht, beginnt das Ende der gelebten Ehe zwischen Mendel und Deborah (Kapitel 2) und beginnen – nach einem Handlungssprung von „zehn Jahre[n]" (S. 18) – die vom Erzähler schon deutlich vorausdeutend benannten **„Plagen"** (S. 20), die die Familie erschüttern werden. Diese Plagen, diese familiären Brüche und Schicksalsschläge zeigen sich in der Musterung der beiden ältesten Söhne Jonas und Schemarjah für den zaristischen Wehrdienst (Kapitel 3), wodurch sie dem jüdischen Lebenswandel entzogen werden (Sorge Mendels) oder in der Gefahr stehen, im Krieg umzukommen (Sorge Deborahs). Jonas findet Gefallen am Soldatenleben und wendet sich von der Familie ab (Kapitel 4); Schemarjah kann dem Wehrdienst nur entkommen, indem er – unterstützt von seiner Mutter – nach Amerika flieht (Kapitel 5). Mirjam lässt sich mit russischen Kosaken ein und droht damit zur Schande der jüdischen Familie im Schtetl zu werden. In dieser Situation kommt als **scheinbar problemlösendes Element** ein Brief von Schemarjah (jetzt Sam) aus Amerika, in dem dieser von seinem privaten und beruflichen Glück berichtet und der Restfamilie Schiffskarten für die Überfahrt nach Amerika in Aussicht stellt. Für Mendel und Deborah sind diese Karten für die Überfahrt Traum und Albtraum zugleich: Einerseits können sie Mirjam den russischen Kosaken entziehen und haben die Hoffnung, in Amerika ein neues jüdisches Leben und den amerikanischen Traum beginnen zu können; andererseits ist Menuchim nicht in der Lage, diese Reise zu bewältigen (Kapitel 6). Mendel und Deborah entscheiden sich für Amerika und lassen mit schlechtem Gewissen und mit Gedanken an die Prophezeiung des Rabbis Menuchim bei einer Pflegefamilie zurück (Kapitel 8). Der Erzähler lässt keinen Zweifel, dass diese Entscheidung (zunächst) nur weiteres Unheil bringt. Mirjam reist zwar mit, stellt sich aber gegen den Vater. In Amerika angekommen, muss sich Mendel selbst in Frage stellen: „Bin ich noch Mendel Singer?" (S. 81, Kapitel 9)

Die Schiffskarten nach Amerika als Traum und Albtraum zugleich

Mit dem **Leben in Amerika (zweiter Teil des Romans)** scheint sich aber zunächst **alles zum Guten zu wenden**: Sam hat eine Familie und als Kaufmann Erfolg. Ein Brief von Menuchims Pflegeeltern deutet dessen verbesserten Gesundheitszustand an, sodass Hoffnung besteht, ihn nach Amerika zu holen (Kapitel 10), eine Hoffnung, die jedoch der Beginn des ersten Weltkrieges auf vielfache Weise zunichtemacht (Kapitel 11). Sam nimmt als Freiwilliger aufseiten Amerikas am Krieg teil und fällt; der älteste Sohn Jonas ist im Krieg auf russischer Seite verschollen. Aufgrund dieser Nachrichten bricht Mendels Frau Deborah tot zusammen (Kapitel 12). Als schließlich auch noch Mirjam dem Wahnsinn verfällt, klagt Mendel Gott an (Kapitel 13), protestiert in naiv-hilfloser Weise, indem er Gott strafend Schweinefleisch isst und nicht mehr betet.

Die Schicksalsschläge steigern sich, bis Mendel sich von Gott lossagt

Die abschließende Wende zum „Wunder" deutet sich an, als Mendel auf einer Schallplatte ein Stück mit dem Titel „Menuchims Lied" hört (Kapitel 14). An einem Abend – vom Erzähler auf den Abend des jüdischen Paschahfestes gelegt – erscheint Menuchim, der ein bedeutender Musiker geworden ist – womit sich die Prophezeiung des Rabbi erfüllt – in einem jüdischen Kreis und gibt sich dem Vater zu erkennen. Damit steht der rührenden Versöhnung Mendels mit der Welt und mit Gott nichts mehr im Wege.

Menuchims Erscheinen ermöglicht das rührende Wunder

Auf einen Blick

- Erzählt wird die Geschichte einer ostjüdischen Familie zu Beginn des 20. Jahrhunderts und ihrer Auswanderung nach Amerika, die wundersam endet.
- Die sich steigernden Schicksalsschläge der Familie führen beim Protagonisten, dem Familienvater Mendel Singer, zu einer Glaubenskrise, die am Ende durch die wunderbare Heilung des Sohnes Menuchim überwunden wird.
- Ein auktorialer Erzähler erzählt die Geschichte traditionell in chronologischer Reihenfolge.
- Der Roman ist in zwei Teile gegliedert. Die beiden Teile stehen für die zentralen Lebensräume der Familie, zunächst das Schtetl in der Ukraine und schließlich den Aufenthalt in New York.

3 Die Figuren des Romans

Mendel als zentrale Figur des Romans

Das Figurenensemble des Romans ist übersichtlich und lässt sich zentrieren auf die Angehörigen der Familie Singer. Von dieser Familie steht der Vater, Mendel Singer, eindeutig im Zentrum. Titel und Untertitel des Romans legen das bereits nahe, aber auch der auktoriale Erzähler konzentriert sich von Beginn an auf Leben, Glauben und Gefühle des Protagonisten Mendel. Die anderen Familienmitglieder – vor allem seine Frau – werden zumeist in Bezug zu ihm in die Handlung einbezogen. Die einzelnen Figuren sind in ihrem Charakter klar konturiert: Vielfach benennt der auktoriale Erzähler einzelne Charaktereigenschaften einer Figur im Erzählerkommentar direkt oder andere Figuren weisen jener eine Verhaltensweise zu (**direkte Charakterisierung**). Abgerundet wird ein Charakterbild, wenn sich eine Figur durch ihr Verhalten oder ihre Redeweise selbst darstellt (**indirekte Charakterisierung**).

Direkte und indirekte Charakterisierung

Mendel Singer

Der fromme Mendel, der Schicksalsschläge als gottgegeben hinnimmt

In den ersten Sätzen des Romans wird der **dreißigjährige Mendel** dem Leser vorgestellt als „fromm, gottesfürchtig und gewöhnlich, ein ganz alltäglicher Jude", der den „schlichten Beruf eines Lehrers" (S. 3) ausübt, das heißt: Er lernt in seinem Schtetl mit sechsjährigen Jungen die Bibel auswendig. Auch durch seine Kleidung („Bart", „Mütze"; „Kaftan", „hohe Lederstiefel", S. 3) repräsentiert er den orthodoxen (strenggläubigen) Ostjuden. Der Erzähler betont so sehr, wie „unbedeutend" „sein Wesen" ist, dass der Leser sich fragt, warum ihm die Geschichte dieses „einfachen Mannes" erzählt wird. Mendel lebt mit seiner Familie in ärmlichsten Verhältnissen. Sein Leben ist eine „Plage" (S. 3), aber es ist anfänglich die Plage des Alltags, der er sich gerne stellt, zumal die Ausübung seines orthodoxen jüdischen Glaubens ihm innerlich und äußerlich Halt gibt. Ein zentrales Lebensprinzip Mendels liegt in seiner Aussage: „Man soll sein Schicksal tragen […] Gegen den Willen des Himmels gibt es keine Gewalt." (S. 28 f.) Auf diese **religiös-fatalistische Haltung** beruft er sich zunächst, wenn es darum geht, etwas gegen die Musterung seiner Söhne Jonas und Schemarjah zu unternehmen oder medizinische Hilfe für Menuchim in Anspruch zu nehmen. Auf dieser Basis – aber jetzt verbunden mit seiner Lebenserfahrung – argumentiert er schlussfolgernd auch, wenn es darum geht, nach Amerika auszuwandern, eine Entscheidung, die mit Blick auf Mirjam und Menuchim getroffen werden muss: „Fahren wir nicht nach Amerika, so geschieht ein Unglück mit Mirjam. […] Menuchim ist so krank, dass ihm nur ein Wunder helfen kann. Hilft ihm aber ein Wunder, so kann er uns folgen." (S. 64) Diese Haltung ändert sich auch noch nicht, als Mendel – **59jährig** (vgl. S. 92) – in Amerika ist und der Erzähler bewusst die direkte Charakterisierung des Romananfangs wiederholt (vgl. S. 92). Erst **nach dem letzten Schicksalsschlag** wird aus dem unbedeutenden Mendel „**ein anderer Mendel**" (S. 107), wie der Erzähler direkt kommentiert, von dem ein „**weißer und furchtbarer Glanz**" (S. 108) ausgeht. Auch Mendel erkennt das: „All die Jahre war ich ein törichter Lehrer. Nun weiß ich, was ich sage." (S. 108). Er bekennt sich nun zur **Auflehnung gegen Gott**: „Gott will ich verbrennen." (S. 110) In dieser Situation erinnern andere Juden Mendel an **den biblischen Hiob**, was Mendel aber noch ablehnt. Erst als Menuchim kommt und sich ihm zu erkennen gibt, ist er für das „**Wunder**" (S. 140) bereit. Nach dieser Wende kann er die Welt mit anderen Augen sehen: Er glaubt an die Gesundung Mirjams, an die Rückkehr von Jonas, in Menuchims Frau meint er Züge seiner Frau Deborah zu erkennen. So ist Mendel, jetzt im hohen Alter zufrieden wie am Anfang, allerdings auf einer anderen, höheren Ebene. Er ist geläutert und gereift durch den Glaubenszweifel – aus dem einfachen ist ein besonderer Mann geworden.

Der zweifelnde, aufbegehrende Mendel

Der alte Mendel – gereift und zufrieden

Deborah – Mendels Frau

Deborah – Mendels Gegenpart

Ist Mendel Singer über weite Phasen der Handlung derjenige, der sich gottergeben in sein Schicksal fügt, so ist seine Frau Deborah (übersetzt: die Biene) tatkräftig, aktiv, eigenwillig, zielstrebig. Von Beginn an mit ihren Lebensverhältnissen unzufrieden, ist sie die **Gegenspielerin von Mendel**. Der Erzähler verfolgt ihr Tun weitgehend aus der Perspektive Mendels: „Sie war ein Weib, manchmal ritt sie der Teufel." (S. 4) Auch sie ist eine gläubige Jüdin, allerdings lebt und deutet sie auch ihren Glauben gegensätzlich zu Mendel. Wenn es für Mendel „gegen den Willen des Himmels" „keine Gewalt" (S. 28 f.) gibt, so erwidert sie: „Der Mensch muss sich zu helfen suchen, und Gott wird ihm helfen. So steht es geschrieben Mendel! Immer weißt du die falschen Sätze auswendig." (S. 29) Auf dieser

Grundlage handelt sie, wenn sie sich kurz nach der Geburt Menuchims auf den langen Weg macht zum Rabbi, um von ihm etwas über das Schicksal des behinderten Sohnes zu erfahren (vgl. S. 9–12). Sie ist es, die aktiv wird, wenn es darum geht, Schemarjah die Auswanderung nach Amerika zu ermöglichen und ihn damit vor dem russischen Militärdienst zu retten. Für solche Vorhaben hat sie auch heimlich Geld unter dem Fußboden versteckt (vgl. S. 28–35). Vor dem Aufbruch nach Amerika lässt sie ihren Gefühlen freien Lauf, wenn sie sich von Menuchim verabschieden muss. Der auktoriale Erzähler kommentiert: „Zwei große Meere voll Tränen sind ihre beiden Augen [...] Sie schreit auf, sie weiß nicht, dass sie schreit, es schreit aus ihr, das Herz hat einen Mund und schreit. [...] Mendel Singer betete." (S. 73 f.)
In Amerika ist sie bemüht, sich an die neuen Lebensverhältnisse anzupassen, doch wird sie da so wenig heimisch wie Mendel, weil auch sie der Gedanke an den zurückgelassenen Menuchim stetig verfolgt. Die Nachricht von Schemarjahs Tod verkraftet sie nicht mehr, und sie stirbt.

Die Kinder: Jonas, Schemarjah, Mirjam, Menuchim

Schematisch, undifferenziert und direkt charakterisierend führt der auktoriale Erzähler die drei älteren Kinder ein: „Stark und langsam wie ein Bär war der älteste Sohn Jonas, schlau und hurtig wie ein Fuchs der jüngere Schemarjah, kokett und gedankenlos wie eine Gazelle die Schwester Mirjam." (S. 19) In ihrem Charakter ändern sich diese Figuren auch nicht:

Gegensätzliche Brüder – beide stellen sich gegen die jüdische Tradition

Die **gegensätzlich gezeichneten Brüder Jonas und Schemarjah** gehen in ihrem Leben auch gegensätzliche Wege. Jonas wird Soldat bei der russischen Armee; Schemarjah wandert nach Amerika aus und wird dort Kaufmann. Beide verlassen damit die enge jüdische Welt des Schtetls und damit die jüdische Tradition. Nach dem Bruch mit der Lebenswelt der Eltern suchen sie für sich neue Wege: Jonas in der Welt der russischen Soldaten, womit er auch im übertragenen Sinne für die Familie verschollen ist. Schemarjah passt sich den neuen Lebensverhältnissen in Amerika an. Das wird sichtbar in der Namensänderung in seinem ersten Brief aus Amerika: „Ich umarme und küsse euch alle Euer Sohn Schemarjah (hier heiße ich Sam)." (S. 42) Wie sehr Sams Amerikanisierung vorangeschritten ist und gleichzeitig seine jüdische Identität verloren gegangen ist, zeigt sich, als die Familie ihn nach der Überfahrt nach Amerika sieht. Der auktoriale Erzähler kommentiert: „Sie sahen Schemarjah und Sam zugleich, als wenn ein Sam über den Schemarjah gestülpt worden wäre, ein durchsichtiger Sam. Es war zwar Schemarjah, aber es war Sam. Es waren zwei." (S. 77) Indem er schließlich für seine neue Heimat (mit seiner neuen Identität) in den Krieg zieht, ist er für Mendel und die jüdische Tradition ganz verloren.

Die Tochter – nymphoman

Nicht anders ist es bei der **Tochter Mirjam**. In vielfältigen und vorausdeutenden Kommentaren weist der auktoriale Erzähler auf Mirjams von sexuellen Ausschweifungen bestimmtes Leben hin, z. B.: „Gleich hinter den äußeren Toren ihrer Sinne lauerte die Neugier in Mirjam, die Schwester der Jugend, die Künderin der Lust." (S. 19) Gänzlich verloren ist sie für Mendel, als sie sich mit einem russischen Kosaken einlässt (vgl. S. 49–51). Zwar glaubt Mendel sie durch die Ausreise nach Amerika „retten" zu können, doch Mirjam hat wie ihre Brüder ihre eigenen Vorstellungen vom Leben: „In Amerika werde ich noch eher tun, was ich will. Weil du einen Mendel Singer geheiratet hast, muss ich nicht auch einen heiraten." (S. 67) Damit sagt sie sich bewusst von den elterlichen und vor allem den väterlichen Werten los. In Amerika lebt sie zwar eine längere Beziehung mit Sams Freund Mac, doch kann sie ihm nicht treu sein. Ihre erotisch-manischen Phantasien beherrschen sie so, dass sie in eine Anstalt eingeliefert werden muss.

Der behinderte Menuchim – am Ende der tröstende Erlöser

Mit der Geburt des behinderten **Menuchim** gerät der Alltag der Familie Singer in Unordnung und beginnen die Schicksalsschläge. Der Erzähler zeichnet seinen Zustand drastisch und gleichzeitig bemitleidenswert, nachdem der Säugling von seinen Geschwistern gequält worden ist: „Den ganzen Nachmittag warteten sie auf den Tod Menuchims. [...] Menuchim starb nicht, er blieb am Leben, ein mächtiger Krüppel" (S. 15) Menuchim wächst zwar, ist dann auch in der Lage, „Mama" (S. 17) zu sagen, eine weitere Entwicklung zeichnet sich aber zunächst nicht ab, erst recht nicht die Prophezeiung des Rabbi, wonach der Schmerz ihn weise machen werde (vgl. S. 12). So bleibt er für die Familie ein „Unglück" (S. 14), eine Strafe Gottes. Vor der Abreise nach Amerika wirft der Erzähler in einer unbeholfen mitleidigen Art einen Blick auf ihn, die Wende schon andeutend: „Er war ein Idiot, dieser Menuchim! Ein Idiot! Wie leicht sagt man das! Aber wer kann sagen, was für einen Sturm von Ängsten und Sorgen die Seele Menuchims in diesen Tagen auszuhalten hatte, die Seele Menuchims, die Gott verborgen hatte in dem undurchdringlichen Gewande der Blödheit." (S. 70)

Auch in Amerika bleibt Menuchim im Gedächtnis seiner Eltern. Ihre Bemühungen, ihn zu sich zu holen, scheitern jedoch wegen des Ausbruchs des Ersten Weltkriegs. Als Mendel, auf einem Tiefpunkt seines Lebens angekommen, zufällig auf einer Schallplatte ein Lied hört, glaubt er plötzlich die „ganze Welt" (S. 121) zu hören. Die Wende deutet sich für den Leser an, als Mendel den Titel des Stücks hört: „Menuchims Lied" (S. 121). Der Sohn ist ein bedeutender Musiker geworden und macht sich in New York auf die Suche nach seinem Vater. Menuchim wird für Mendel zum **Tröster** (Übersetzung des Namens Menuchim) und Erlöser, zumal sie sich am jüdischen Pesachfest treffen, und führt damit sich und seinen Vater (wieder) in die jüdische Tradition. Mit diesem Ende erfüllt sich gleichzeitig die Prophezeiung des Rabbi – damit schließt sich auf märchenhafte Weise der Bogen der Handlung.

Die Nebenfiguren

Nebenfiguren – Katalysatoren der Handlung

Einige Nebenfiguren seien kurz erwähnt. Ihnen ist gemeinsam, dass sie eine **rein „dienende" Funktion** haben, um die Handlung voranzutreiben.
Im ersten Teil des Romans – noch im Schtetl – ist es vor allem der „Makler" Kapturak. „Mit den Behörden vertraut" (S. 28), ist er bereit, für Geld die Überfahrt Schemarjahs und später auch die der Familie Mendels nach Amerika zu ermöglichen.
In New York sind es die jüdischen Nachbarn (Menkes, Rottenberg, Groschel, Skowronnek), die Mendel helfen, mit ihm religiöse Diskussionen führen, ihn dabei auch an das Schicksal Hiobs erinnern. Über Skowronneks Musikgeschäft findet Mendel den Weg zur Musik und zu Menuchims Lied.

Auf einen Blick

- Die Figuren sind vom auktorialen Erzähler häufig direkt charakterisiert. Sie sind oft als Kontrastfiguren angelegt.
- Dem frommen gottergebenen Mendel, der nach Schicksalsschlägen zum religiösen Zweifler wird, steht seine Frau Deborah gegenüber, die aktiv das Geschehen prägt, aber die Schicksalsschläge nicht überlebt.
- Die Kinder Jonas, Schemarjah und Mirjam entfremden sich alle auf ihre Weise von der jüdischen Tradition. Keiner von ihnen findet in seiner jeweiligen Welt sein Glück.
- Menuchim, „der Krüppel", wird am Ende zum tröstenden Erlöser Mendels. Durch ihn erkennt Mendel, dass sein Leiden einen Sinn hatte (Hiob-Motiv).
- Die Nebenfiguren dienen dazu, die Handlung voranzutreiben.

3 Ort- und Zeitgestaltung des Romans

Schtetl und New York als gegensätzliche Lebensräume

Die Aufteilung des Romans in zwei Teile entspricht den beiden Handlungsorten im Roman: Der erste Teil spielt in **einem jüdischen Schtetl in Wolhynien**, im Nordwesten der heutigen Ukraine, in der Zeit von ca. 1895 bis kurz vor dem ersten Weltkrieg. Der zweite Teil, der im Wesentlichen den Zeitraum des ersten Weltkrieges umfasst, spielt in **Amerika**, genauer in **New York**. Damit stehen sich nicht nur zwei unterschiedliche Orte, sondern zwei **gegensätzliche gesellschaftliche Lebensräume** gegenüber. Beide sind aber insofern miteinander „verbunden", als Familie Singer – noch im Schtetl – heilsbringende Erwartungen an Amerika hat, aber auch bedrohliche Befürchtungen. Umgekehrt wird später in Amerika Mendel bewusst, wie „behütet" er und seine Familie in der kleinen Welt des Schtetls waren. In beiden Lebensbereichen **sucht Mendel** aber letztlich **nach einer Heimat**.

Suche nach Heimat

Das Schtetl

Schtetl – kleine, vertraute jüdische Welt auf fremdem, „bodenlosem" Gebiet

Das Leben im **Schtetl** – jiddischer Begriff für eine jüdische Siedlung in Osteuropa – spielt sich für Mendel Singer und seine Familie im eigenen, sehr bescheidenen **Haus**, im **Bethaus** und im **Kontakt mit den Nachbarn** ab. Diese drei Lebensbereiche – zusammengehalten durch den Glauben – prägen die kleine, enge Welt des Schtetls, bilden die Heimat (vgl. hierzu auch den Materialteil in der Klettausgabe des Romans, S. 158–171). Wie bedeutsam das Haus als Sitz der Familie ist, zeigt sich auch im Äußerlichen: Vor dem Sabbat muss der Boden glänzen „wie geschmolzene Sonne" (S. 5). Als

feindlich und bedrohlich wird die **ganze Welt außerhalb des Schtetls** empfunden, so z.B. der Alkohol, das russische Militär, die Kosaken, denen sich Mirjam hingibt. Allein das Verlassen des Schtetls, z.B. Deborahs Weg zum Rabbi (S.9ff.) oder zu Kapturak, der Schemarjahs Flucht ermöglicht (S.28ff.), aber auch die Fahrt nach Dubno (S.59ff.), um die Ausreiseunterlagen zu besorgen, wird als Bedrohung empfunden. Zum Ende des 19. Jahrhunderts ist diese streng **isolierte und abgeschottete Schtetl-Welt** aber auch schon sehr „morsch"; sie fängt an „zu zerfallen" (S.69), wie Mendels Haus.
Auch die Gemeinschaft der Gläubigen beginnt zu bröckeln. Noch finden sie im Glaubensritual, so im „Gruß an den Mond" (S.47), einen gemeinsamen Bezugspunkt, aber die Bedrohung wird spürbar: „Fremd war ihnen die Erde, auf der sie standen, feindlich der Wald, der ihnen entgegenstarrte, gehässig das Kläffen der Hunde, [...] vertraut nur der Mond [...] und der Herr, der überall wachte, daheim und in der Verbannung." (S.47)
Vor diesem Hintergrund rückt für Mendel und seine Nachbarn **Amerika als Vision** in den Blick. Sie sehen in Amerika - so vermittelt es der Erzähler - ein „gesegnetes Land", „ein freies Land", ein „fröhliches Land", während Russland ein „trauriges Land" sei (S.52). In dieser klischeehaften Gegenüberstellung zeigt sich die naive Vorstellung Mendels und seiner Nachbarn, im gelobten Land Amerika die Lösung all ihrer privaten und wirtschaftlichen Probleme zu finden. Dass dies Projektionen sind, die so nicht in Erfüllung gehen können, deutet der Erzähler an, wenn er angesichts des schmerzhaften Abschieds von Menuchim über Mendel und Deborah sagt: „Es war, als hätten sie [...] nicht freiwillig den Entschluss gefasst, nach Amerika zu gehen, sondern als wäre Amerika über sie gekommen, über sie hergefallen." (S.71)

Amerika

Mendel trifft - so berichtet der auktoriale Erzähler - mit seiner Familie in Amerika auf die dem 20. Jahrhundert entsprechenden technischen Errungenschaften und eine allgemeine Lebensweise, die ihm zunächst nicht nur völlig fremd sind, sondern seine bisherige Identität erschüttern (vgl. S.81). Der persönlichen Veränderung seines Sohnes Schemarjah (vgl. S.77) wie auch dessen Beruf als Kaufmann (S.86) steht Mendel mit Unverständnis gegenüber. Diese Haltung Mendels ist jedoch sehr schwankend bzw. ändert sich schnell, ohne dass der Erzähler dies durch den Handlungsverlauf motiviert. So heißt es: „Von Mendel Singer aber wissen wir, dass er nach einigen Monaten in New York zu Hause war. Ja, er war beinahe heimisch in Amerika!" (S.82) Wenige Seiten später ist demgegenüber zu lesen: „Man hätte nicht nach Amerika fahren dürfen." (S.85) Trotz dieser erzähltechnischen Ungereimtheiten lässt sich das Amerikabild herausarbeiten: Bei der Ankunft in Amerika bemerkt ein mitfahrender Jude mit Blick auf die Freiheitsstatue, die elektrisch beleuchtet ist, ironisch: „Solche Kunststücke macht man in Amerika." (S.77)

Mendel – fremd und isoliert auch in der Neuen Welt

Die Ankunft und die damit verbundenen Eindrücke überfordern die Familie physisch, psychisch und emotional, wie der auktoriale Erzähler überdeutlich darstellt: „Bald wusste er nicht mehr, was zu hören, zu sehen, zu riechen war. Er lächelte immer nur noch und nickte mit dem Kopfe. Amerika drang auf ihn ein, Amerika zerbrach ihn, Amerika zerschmetterte ihn. Nach einigen Minuten wurde er ohnmächtig." (S.80) In dieser Situation wirft er einen ersten Blick zurück in die alte Heimat: „Es war ihm, als hätte er sich selbst in Zuchnow zurückgelassen, in der Nähe Menuchims." (S.81) Nach einer kurzen Phase des Wohlbefindens, in der Mendel sogar einige amerikanische Redewendungen lernt, richtet sich der Blick verstärkt zurück. Dass der Fußboden in der amerikanischen Wohnung nicht „so safrangelb wie zu Hause" schimmert (S.84), ist nur äußeres Zeichen für dieses Heimweh. Vor allem aber wird es hervorgerufen durch die Sehnsucht nach Menuchim (vgl. S.85). War schon das Schtetl in Russland eine gesellschaftliche Enklave, so gilt das für Mendels Leben in Amerika noch viel mehr: Er kann sich **nicht in die amerikanische Gesellschaft integrieren**; seine Familienangehörigen, die sich dem **amerikanischen way of life** anpassen, entfremden sich ihm, womit **er seine Rolle als Familienoberhaupt** verliert. All die Zuschreibungen, die der Erzähler in einer langen Aufzählung klischeehaft aneinanderreiht („Die Amerikaner waren gesund, die Amerikanerinnen schön, der Sport wichtig, [...] moderne Maschinen der Segen des Himmels, Edison das größte Genie." S.92 f.), gelten nicht für Mendel, wecken bei ihm nur noch „Heimweh nach Russland", um „Menuchin zu sehn." (S.93)

Mendel scheitert in beiden Welten – sucht weiter nach der Heimat

Alle weiteren persönlichen Schicksalsschläge, so etwa der Tod Sams im Krieg, prägen Mendels **Blick auf Amerika**: „Amerika hat uns getötet. Amerika ist ein Vaterland, aber ein tödliches Vaterland." (S.104) In Amerika hat Mendel „keine Heimat", „kein Geld", „keinen Gott" (S.109) mehr. Nach dem Scheitern des Juden Mendel in der Alten Welt findet er auch in der Neuen Welt seinen Ort nicht.

Vor dem Hintergrund dieses privaten, sozialen und religiösen Niedergangs ist eine Versöhnung mit der neuen Heimat Amerika nur in Form eines Märchens möglich. Der Erzähler konstruiert eine **„wunderliche Rettung"** am Ende des Romans und führt Mendel mit seinem verloren geglaubten Sohn Menuchim, nun einem bekannten Musiker, zusammen. Zuvor schon hat Mendel sich mit der neuen Technik des Grammophons angefreundet und dabei „Menuchims Lied" durch eine Schallplatte kennengelernt. Er ist der Bewunderung voll: „Wie ist es möglich, dass die ganze Welt auf so einer kleinen Platte eingraviert ist?" (S. 121) Durch die Platten wird Mendel „ein anderer Mensch" (S. 123). Als Menuchim seinen Vater in New York aufsucht und Mendel mit ihm im Hotel vereint ist, sieht Mendel nun Amerika mit neuen Augen: Im Lift des Hotels schwebt er „in den Himmel" (S. 141); im Zimmer sieht er „zum ersten Mal die Nacht von Amerika aus der Nähe, den geröteten Himmel, die flammenden, sprühenden, tropfenden, glühenden, roten, blauen, grünen, silbernen, goldenen Buchstaben, […]." (S. 142) Heimat- und orientierungslos im Schtetl und danach auch in Amerika, findet Mendel am Ende seinen inneren Frieden, der aber – wie die letzten Zitate zeigen – **kein irdischer,** sondern mehr **ein himmlischer und damit auch ein „bodenloser" Friede** ist. (Mehr zum „Gelobten Land Amerika" im Materialteil in der Klettausgabe des Romans S. 180–189.)

Mendel – durch Menuchim auch versöhnt mit der Neuen Welt

Auf einen Blick

- Die beiden Teile des Romans sind geprägt durch die gegensätzlichen Orte: Schtetl (1. Teil) – New York (2. Teil).
- Die abgeschottete Welt des Schtetls zerbricht am Ende des 19. Jahrhunderts – demgegenüber entsteht die amerikanische Welt als hoffnungsvolle Vision.
- New York und die dortige Lebensweise im 20. Jahrhundert überfordern Mendel – eine Anpassung gelingt ihm nicht, was zu einem verklärenden und rückwärtsgewandten Blick auf die Welt des Schtetls führt, vor allem, weil Menuchim zurückgeblieben ist.
- Erst bedingt durch die wunderbare Heilung Menuchims und seine Ankunft in Amerika wird New York für Mendel zu einem himmlischen, bodenlosen Ort.

4 Der Erzähler und seine Sprache

Im Zusammenhang mit der Figuren- und der Ortsdarstellung sind die eindeutigen Wertungen des **auktorialen Erzählers**, der über dem Geschehen steht und in die Personen „hineinschauen" kann, mehrfach herausgestellt worden. Dieser auktoriale Erzähler, der eine **chronologische Handlungsführung** verfolgt und sich dabei **am Protagonisten Mendel Singer orientiert**, ist charakteristisch für den Roman. Es handelt sich hier also grundsätzlich um eine sehr traditionelle Erzählweise, die vereinzelt durchbrochen wird durch den personalen Erzähler, und zwar vor allem dann, wenn **Mendel sich in einer Krisensituation befindet und reflektiert**, so z. B. nach den Schicksalsschlägen in Amerika: „Es war ihm, als hätte er soeben erst die Heimat verloren und in ihr Menuchim, den treuesten aller Toten […]. Wären wir dort geblieben – dachte Mendel, – gar nichts wäre geschehen! Jonas hat recht gehabt, Jonas, das dümmste meiner Kinder! Die Pferde hat er geliebt, den Schnaps hat er geliebt, die Mädchen hat er geliebt, jetzt ist er verschollen." (S. 106, vgl. u. a. auch S. 81) Das Zitat spiegelt zunächst die **Innensicht** (vielfach erlebte Rede) und geht dann über in **den inneren Monolog**. So gewinnt der Leser Einblick in die Gedankenwelt einer Figur; allerdings liegt keine psychologisierte Erzählweise mit Blick in das Unterbewusstsein vor, wie wir sie von zeitgenössischen Autoren kennen. Im letzten Zitat zeigt sich ebenfalls **eine sprachliche Besonderheit** des Romans, nämlich die **parataktische Anordnung kurzer Sätze**, wie sie für weite Teile des Romans typisch ist. Ein weiteres Beispiel: „Die Sonne ist untergegangen. Der Wind kommt von Westen, am Horizont schichten sich violette Wolken, morgen wird es regnen." (S. 54) Diese einfache sprachliche Darstellung, die der Erzähler sowohl für Kommentierungen als auch in der Figurenrede nutzt, spiegelt u. a. die einfache, aber auch klare Gedankenwelt des Ostjuden Mendel wider. Teilweise ist die Sprache auch direkt und drastisch: So wird Menuchim als „mächtiger Krüppel" (S. 15) oder als „Missgeburt" (S. 17) bezeichnet. Über die **einfache Syntax** ist es dem Erzähler möglich, Zusammenhänge zu ordnen und zu strukturieren, sie knapp und realitätsgetreu darzustellen. Zuweilen gewinnt diese auch eine **poetische Dimension**, so

Handlung ist traditionell linear erzählt, zumeist auktorial

Vereinzelt hat der Leser eine Innensicht in die Personen

Einfache Sprache, parataktische Sätze

z. B. wenn der Erzähler die Armut der Familie anschaulich und in Form einer Klimax darstellt: „Das Leben verteuerte sich von Jahr zu Jahr. Die Ernten wurden ärmer und ärmer. Die Karotten verringerten sich, die Eier wurden hohl, die Kartoffeln erfroren, die Suppen wässerig, die Karpfen schmal und die Hechte kurz, die Enten mager, die Gänse hart und die Hühner ein Nichts." (S. 4)

Die kontrastierende Gestaltung ist ein wesentliches Gestaltungsprinzip

Ein weiteres einfaches, aber auch transparentes Strukturierungsprinzip nutzt der Erzähler, indem er mit klaren **Gegenüberstellungen** arbeitet. Für die Figurenkonstellation (Mendel ↔ Deborah, Schemarjah ↔ Jonas), aber auch bei der Zweiteilung des Romans und der damit verbundenen räumlichen **Kontrastierung** (Schtetl – Amerika) ist das in den vorherigen Kapiteln schon aufgezeigt worden. Eine besondere Bedeutung gewinnt diese Kontrastierung bei der Farbgestaltung von hell und dunkel, von schwarz und weiß. Mit dieser **kontrastierenden Farbsymbolik** arbeitet der Erzähler, wenn er herausstellen will, wie sehr sich die Juden von der restlichen Bevölkerung unterscheiden, so z. B. wenn Jonas und Schemarjah von ihrer Musterung zurückkommen und durch das Gebiet der russischen Bauern gehen müssen: „Nach einigen Minuten war das ganze Land weiß vom Schnee. Auch die einzelnen Weiden am Weg und die verstreuten Birkengruppen zwischen den Feldern weiß, weiß, weiß. Nur die zwei jungen schreitenden Juden waren schwarz. Auch sie überschüttete der Schnee, aber auf ihren Rücken schien er schneller zu schmelzen. Ihre langen schwarzen Röcke flatterten. [...] Je dichter es schneite, desto schneller gingen sie. Bauern, die ihnen entgegenkamen, gingen ganz langsam, mit eingeknickten Knien, sie wurden weiß, auf ihren breiten Schultern lag der Schnee wie auf dicken Ästen, schwer und leicht zugleich, vertraut mit dem Schnee, gingen sie in ihm einher, wie in einer Heimat. Manchmal blieben sie stehn und sahen sich nach den zwei schwarzen Männern um, wie nach ungewohnten Erscheinungen, obwohl ihnen der Anblick von Juden nicht fremd war." (S. 25) Diese schematische Gegenüberstellung von schwarz und weiß, schnell und langsam, Fremde und Heimat, Juden und russischen Bauern mutet schon übertrieben künstlich und gesucht an. Eine religiös-hoffnungsvolle Dimension gewinnt die kontrastierende Farbsymbolik, wenn die **Gegensätze miteinander verbunden** und zu einer **Harmonie geführt** werden. Dies geschieht z. B., wenn der Erzähler über Deborahs Glauben spricht: „Denn sie glaubte, wie es geschrieben stand, dass Gottes Licht in den Dämmernissen aufleuchtete und seine Güte das Schwarze erhelle." (S. 8) Auch Mendels **Gottesanklage** nach den Schicksalsschlägen gestaltet der Erzähler kontrastiv, um dessen Verlassenheitsgefühl und seine Enttäuschung zum Ausdruck zu bringen: „Gott ist grausam, und je mehr man ihm gehorcht, desto strenger geht er mit einem um." (S. 111) „Alle Jahre habe ich Gott geliebt, und er hat mich gehasst." (S. 113) „Gütiger als Gott ist der Teufel. Da er nicht so mächtig ist, kann er nicht so grausam sein." (S. 113 f.)

Vergleiche dienen der Anschaulichkeit des Erzählten

Zuletzt soll auf die vielfältigen **Vergleiche** vor allem aus dem Natur- und Tierbereich hingewiesen werden, die der Erzähler nutzt, um die Figuren anschaulich, aber manchmal auch gesucht, stereotyp und schablonenhaft zu charakterisieren, so z. B. nach Menuchims erstem gesprochenen Wort, das kommentiert wird als „erhaben wie eine Offenbarung, mächtig wie ein Donner, warm wie die Liebe, gnädig wie der Himmel, weit wie die Erde, fruchtbar wie ein Acker, süß wie eine süße Frucht." (S. 17) Menuchims Kopf ist „wie ein Kürbis" (S. 6) und er stöhnt „wie ein Tier" (S. 6), Jonas ist stark „wie ein Bär" (S. 19), Jonas schlau „wie ein Fuchs" (S. 19), Mirjam „kokett und gedankenlos wie eine Gazelle" (S. 19).

Auf einen Blick

- Die Handlung ist durchgehend linear von einem auktorialen Erzähler erzählt.
- Vereinzelt gewährt ein personaler Erzähler über erlebte Rede und inneren Monolog Einblick in die Gefühlswelt der Figuren.
- Der einfache parataktische Satzbau und die klare, direkte Sprache spiegeln die klar gegliederte Welt Mendels wider.
- Dazu passt auch die auf vielen Ebenen kontrastiv angelegte Gestaltung des Romans.
- Vergleiche aus dem Natur und Tierbereich nutzt der Erzähler, um Figuren anschaulich zu charakterisieren.

5 Literarische und religiöse Bezüge des Romans

Auf zwei literarische Bezugspunkte, die gleichzeitig auch die Thematik des Romans bestimmen, soll hier näher eingegangen werden:

- Zum einen verweist der Titel des Romans auf das Buch **„Hiob" im Alten Testament**. Damit steht die Frage nach und der Umgang mit dem Leid des Menschen im Zentrum der Betrachtung. Die **Leiderfahrung** ist ein universelles Menschheitsthema: ihr muss sich sowohl der alttestamentliche Hiob wie auch der moderne Hiob – Mendel Singer – stellen.
- Zum anderen ist an vielen Stellen im Roman ein Bezug zum Märchen zu erkennen. Die Themen des Märchens sind – bestimmt durch dessen Struktur – **überzeitlich** und **ent-individualisiert**. Das, was im Märchen geschieht, weist symbolisch über das Dargestellte hinaus. Hier nimmt das Märchen religiöse Themen auf und weitet sich zur symbolischen Darstellung des jüdischen Volkes. Der Blick auf zentrale Themen des Menschseins verbindet also die beiden literarischen Bezugspunkte.

Bezug zum Märchen/Religiöse Bezüge

Handlung ist vielfach märchenhaft zeitlos

Trotz einer Reihe konkreter historischer Angaben (z. B. Krieg zwischen Russland und Japan 1904/05, S. 20; Pogrome der Kosaken gegen die Juden zu Beginn des 20. Jahrhunderts, S. 51; Hinweis auf den Ersten Weltkrieg, S. 90) werden die Erlebnisse und Erfahrungen Mendels von Beginn an einer konkreten zeitlichen Einordnung entzogen. Der Roman beginnt wie ein Märchen („Vor vielen Jahren lebte […]", S. 3) und immer wieder wird der Handlungsverlauf in unbestimmte, offene Zeitangaben eingebettet: „Die Tage dehnten sich zu Wochen, die Wochen wuchsen sich zu Monaten aus, zwölf Monate machten ein Jahr." (S. 6) „Seit diesem Tage…" (S. 17, S. 19) „Eines Tages…" (S. 95). Ein Geschehen, das so ins Zeitlose gesetzt ist, spiegelt auch mythische, zeitlose Erfahrungen: Der Jude Mendel trägt damit die gesamte **Geschichte des jüdischen Volkes** auf seinen Schultern, eines Volkes, das vielfach **auf der Flucht, verfolgt, leidgeprüft und heimatlos** war. Paradox scheint, dass dieses jüdische Volk – so das Alte Testament – gleichzeitig **Gottes auserwähltes Volk ist**, ein Volk, das auf das **Gelobte Land** und auf **seinen Messias wartet**. All dies durchlebt, erleidet, erfährt Mendel Singer: So hofft er z. B. in Amerika das gelobte Land zu finden. Sein Sohn Menuchim, dessen wundersame Gesundung im Roman nicht erklärt, aber vom Rabbi prophezeit ist, wird für Mendel schließlich zu einem Messias. Das zeigt sich gegen Ende des Romans, nachdem er Menuchin erkannt hat: „Mendel faltet die Hände, er hebt sie, so hoch er kann, dem Plafond entgegen. Er möchte aufstehn. Er hat das Gefühl, dass er jetzt aufstehn müsste, gerade werden, wachsen, groß und größer werden, über das Haus hinauf und mit den Händen den Himmel berühren." (S. 139) Viele Bilder mit Bezug zum Himmel verweisen am Ende des Romans auf diesen (märchenhaften,) erlösenden, messianischen Menuchim, der alles Leid in einem anderen Licht erscheinen lässt. In ihm ist **die jüdische Hoffnung als Motiv verkörpert**. Dieser individuellen Erfahrung des Juden Mendel wird im Roman – typisch märchenhaft – der konkrete Wirklichkeitsbezug genommen; das Individuelle kann damit zum Träger des Allgemeinen werden, zu einer Grundkonstellation menschlicher Existenz: **In Mendel wird märchenhaft die jüdische Verheißung wahr.**

Mendel – ein typischer Vertreter des jüdischen Volkes

Menuchim verkörpert das Wunder, die Verheißung

(Neben dem hier aufgezeigten Bezug zum Märchen ist auch der Bezug **zur Legende** bedeutsam, vgl. dazu im Materialteil der Klettausgabe S. 194.)

Bezug zum Buch „Hiob" im Alten Testament

Buch „Hiob" im AT – Frage nach dem Leid des Menschen

Das Buch „Hiob" aus dem Alten Testament (AT) ist ein bedeutendes Werk der Weltliteratur, weil es **eine existenzielle Frage des Menschen**, nämlich warum ein (gottesfürchtiger) Mensch Leid ertragen muss, aufwirft.
Um die Bezüge zum Roman herstellen zu können, sei hier kurz der Handlungsgang des Buches „Hiob" wiedergegeben:

- Der Hiob aus dem AT ist – zu Beginn der Handlung – ein wohlhabender, kinderreicher, zufriedener und gottgläubiger Mann. In einem Gespräch zwischen Gott und dem Satan über das Leben Hiobs provoziert der Satan mit der Behauptung, Hiob sei nur deshalb fromm, weil Gott seine schützende Hand über ihm halte. Weil Gott um den Glauben Hiobs weiß, gibt er ihn ganz in die Hand des Satans. Das ist der Beginn unsagbaren Leids für Hiob: Er verliert zunächst seinen Besitz und seine Kinder. Glaubensfest bleibt er auch noch, als seine Frau ihn wegen seines Glaubens verspottet. Erst als er auch noch von Aussatz befallen wird, hadert Hiob mit seinem Gott, klagt ihn an und verweist auf seine eigene Unschuld. Sein Unglück erklärt er mit der Ferne Gottes, wonach Gott groß, aber auch zu weit weg ist, um die Bitten der Menschen zu hören. Erst gegen Ende ist Hiob in der Lage, wieder die Größe von Gottes Schöpfung zu erkennen. Er wird dafür reich belohnt, erhält alles Verlorene doppelt zurück und stirbt am Ende „alt und lebenssatt".

Der Titel von Roths Roman legt nahe, Zusammenhänge zwischen dem biblischen Hiob und Mendel Singer herzustellen, zumal Mendel in New York in seiner Klage an Hiob erinnert.

Die Nähe zwischen den beiden Hiobgestalten, **die Ähnlichkeit der zentralen Motive und der existenziellen Thematik** sind unübersehbar. Diese Bezüge werden im Roman auch explizit thematisiert, nämlich als Mendel nach seinen Leiderfahrungen in New York gegen seinen Gott rebelliert und von seinen Nachbarn – auch der biblische Hiob hat Freunde, die mit ihm religiöse Diskussionen führen – an Hiob erinnert wird.

Entscheidend ist nun, wie Roth die berühmte Vorlage in seinem Roman verändert: Ist der biblische Hiob reich, bedeutend, jemand, der an **„Ansehen" „alle Bewohner"** (Hiob, V. 3) **übertrifft**, so betont Roth in seinem Roman immer wieder und schon im Untertitel, wie **unbedeutend Mendel Singer** ist. Mendel ist eben **kein besonderer Jude**, sondern einer wie die anderen auch, ein „ganz alltäglicher Jude" (S. 3), der im Verlauf seines Lebens auch seine Fehler erkennt und seine Schuld eingesteht (vgl. S. 143 u. S. 97). Sein Schicksal wird damit zu einem exemplarischen jüdischen **Alltags**schicksal.

Mendel, der moderne Hiob: einsam und sich fremd

Er ist – wie oben gezeigt – mit seiner Familie weitgehend isoliert, heimatlos; und in dieser Situation wenden sich nun auch noch seine Kinder von ihm und von den jüdischen Traditionen ab. Seine Frau wird ihm im Schtetl schon fremd; in Amerika geht sie weitgehend eigene Wege („Was geht sie mich an?, dachte Mendel. Wozu leben wir noch zusammen?" S. 94), bis sie schließlich nach den schweren Schicksalsschlägen stirbt. Zunehmend fremd wird sich im Verlauf der Handlung auch Mendel selbst: „Er hatte alle Beziehungen gelöst. Es fiel ihm ein, dass er schon seit Jahren einsam war." (S. 108) Dies sind neue, ergänzende Aspekte; es sind Erfahrungen, die den **modernen Hiob** kennzeichnen.

Beide Hiobgestalten sind am Ende mit Gott versöhnt

Erst mit den letzten Leiderfahrungen wird Mendel Singer in die Nähe des biblischen Hiob gerückt. In seiner Auflehnung gegen Gott wird der „alltägliche Jude" Mendel herausgehoben, wie der biblische Hiob: „Ohne Zweifel, ein Auserkorener war Mendel Singer. [...] Eines Tages ward er ausgezeichnet in einer fürchterlichen Weise. Es gab keinen mehr, der ihn nicht kannte." (S. 115)

Nach der wundersamen Begegnung mit seinem Sohn Menuchim zieht der Erzähler am Ende des Romans die Parallelen zum biblischen Hiob, indem er aus dem AT zitiert: „Er selbst, Mendel Singer, wird nach späten Jahren in den guten Tod eingehen, umringt von vielen Enkeln und ‚satt am Leben', wie es im ‚Hiob' geschrieben stand." (S. 144) Beide Hiobgestalten sind am Ende innerlich zufrieden und mit Gott wieder versöhnt, was sich vor allem in der großen Zahl der Nachkommen spiegelt – ein wichtiges **Hoffnungsmotiv des jüdischen Glaubens**.

Auf einen Blick

- Mendels Geschichte ist – wie ein Märchen – vielfach aus der Zeit herausgehoben.
- Wie im Märchen muss Mendel Prüfungen bestehen – grundlegende Erfahrungen machen –, bevor er durch ein Wunder gerettet wird.
- Das Wunder ist eng verbunden mit der jüdischen messianischen Hoffnung.
- Das Buch „Hiob" aus dem AT, in dessen Zentrum die menschliche Erfahrung mit Leid steht, ist titelgebend für Roths Roman. Auch für Mendel steht die Erfahrung mit dem Leid im Zentrum.
- Mendel wird sich im Laufe der Handlung zunehmend selbst fremd – ein entscheidender Zug des modernen Menschen, des modernen Hiob.

6 Joseph Roths literarisches „Programm"

Neben den aufgeführten **literarischen und religiösen Bezügen** bildet auch die **historische Dimension** einen Grundzug des Romans, was sich u.a. darin zeigt, dass Roth traditionelle Gewohnheiten der Ostjuden (strenge jüdische Glaubensformen, ghettoisierte Lebensform im Schtetl) anschaulich darstellt. Aus den beiden Dimensionen lässt sich Joseph **Roths literarische Programmatik** für diesen Roman ablesen, die er selbst auch 1930 in einem Beitrag mit dem Titel **„Schluss mit der ‚Neuen Sachlichkeit'"** (vgl. Klett-Ausgabe des Romans S.190ff.) dargelegt hat.

Roths literarisches Programm: genaue Beobachtung und Literarisierung

In diesem Aufsatz **grenzt sich** Roth von einer literarischen Richtung – der **Neuen Sachlichkeit** – in der Weimarer Republik **ab**, die den **Alltag distanziert, dokumentarisch und nüchtern**, eben ohne Gefühle **darstellen** will. In Roths Abhandlung heißt es deshalb, dass vom Schriftsteller zwar schon eine „genaue Kenntnis der Realität" „gefordert" ist, aber „nicht damit er sie detailgetreu benütze, sondern damit er sie beliebig und schöpferisch verändere," denn es gibt „keine Wahrhaftigkeit im literarischen Kunstwerk ohne Wahrscheinlichkeit." Das Werk des Erzählers, der „ein Beobachter und ein Sachverständiger" ist, ist „niemals von der Realität gelöst, sondern in Wahrheit (durch das Mittel der Sprache) umgewandelte Realität." (Alle Zitate Klett-Edition S.190)

Diese Form der **Literarisierung** zeigt sich in seinem Roman „Hiob": Wie gezeigt, finden ostjüdische Lebensformen und Traditionen sehr detailliert und realistisch Einzug in die Erzählung, aber diese **„Realität"** ist für Roth „nur" die Grundlage bzw. die Vorlage, die er kreativ in literarische Traditionen einbettet.

Auf einen Blick

- **Roth setzt sich theoretisch von dem literarischen Programm der „Neuen Sachlichkeit", einer sachlich-distanzierend berichtenden Literatur, ab. Er will die Wirklichkeit literarisieren, d.h. z.B. auch Emotionen können (wieder) in der Literatur dargestellt sein.**
- **In seinem Roman „Hiob" erweist er sich einerseits als detailgetreuer Beobachter, der historische Bedingungen genau einfließen lässt. Er geht aber in seinem Erzählen andererseits auch darüber hinaus, indem er z.B. auf die Tradition des Märchens und des Wunderbaren zurückgreift.**

7 Deutungsansätze und Wirkungsgeschichte

Deutung des Romanschlusses: Wirklichkeitsverlust ↔ Skepsis

In den Deutungen steht häufig das wundersame, nicht motivierte Ende im Mittelpunkt, das vielen Kritikern den literarischen Wert des Romans mindert und sie vermuten lässt, Joseph Roth sei bei dieser Darstellung jeglicher Realitätsbezug abhanden gekommen. Der Germanist Bernd Hüppauf widerspricht dieser Deutung (vgl. Materialteil der Klett-Ausgabe des Romans S.196f.): Er sieht im Schluss des Romans gerade **keinen Wirklichkeitsverlust Roths**, sondern dessen „**Skepsis** gegenüber jedem sozialreformerischen oder revolutionären Glücksversprechen" (S.196) begründet. Das mythisch-märchenhafte Ende des Romans dient Roth – so Hüppauf – „nicht als Ort der absoluten Wahrheit, sondern als eine Hilfskonstruktion fürs Überleben in einer Welt ohne Hoffnung" (S.197), in der aber ein Ende, wie es dem biblischen Hiob begegnet ist, auch „wieder möglich werden" (S.197) kann.

Andere Interpreten sehen in dem Autor Joseph Roth auch diesen **Skeptiker** und glauben in dem Roman eine **Vorahnung Roths** auf das furchtbare Schicksal der Juden im Zweiten Weltkrieg lesen zu können.

Zentrale Stationen der Wirkungsgeschichte sind in der Klettausgabe des Romans (vgl. S.198 f.) zusammengefasst. Zusätzlich soll auf zwei Schwerpunkte verwiesen werden:

- Nachdem in den 1980er-Jahren unter den Germanisten die Frage nach den Juden in der deutschen Literatur ein Schwerpunkt der Diskussion war, kommt Harald Hartung (1989) zu einer literarischen Bewertung des Romans, die vielfach geteilt wird: „Aber wir wollen **nicht darüber rechten**, ob Roths Hiob zu den **großen ewigen Sachen gehört**. […] Schon beim Erscheinen war ‚Hiob' **ein Stück Vergangenheitsverklärung**. Er beschwor eine versunkene Welt und – soweit sie nicht versunken war – eine bedrohte." (Zitiert nach: Christine Schmidjell, Erläuterungen und Dokumente zu Joseph Roth „Hiob", Stuttgart 2004, Philipp Reclam Verlag, S.106f.)

- Hingewiesen werden soll noch auf zwei beachtenswerte Verfilmungen des Romans: Der Regisseur Michael Kehlmann verfilmt Ende der 1970er-Jahre den Roman in drei Teilen für das Fernsehen. Kehlmanns Ziel ist eine text- und werkgetreue Literaturverfilmung, die ihm – so Kritiker – allerdings nur bedingt gelingt. Bei aller Texttreue wird ihm vorgeworfen, die Handlung sei enthistorisiert und privatisiert, auch die religiöse Dimension rücke zu sehr in den Hintergrund. Im Rahmen der Theatereditionen im ZDF gibt es aus dem Jahr 2009/2010 die Verfilmung einer Aufführung der Münchner Kammerspiele. Diese Verfilmung einer Theateraufführung wird von der Kritik vor allem gelobt, weil sie die Handlung überzeugend verdichtet und den Zuschauer sehr berührt, eben weil sie nicht rührselig ist.

Auf einen Blick

- **Der Schluss des Romans wurde kontrovers diskutiert. Einige Interpreten wollen hier Wirklichkeitsverlust Roths erkennen, andere sehen hier Roths skeptische Haltung gegenüber der Wirklichkeit dargestellt.**
- **Zwei beachtenswerte Verfilmungen können die Lektüre ergänzen.**

Erzählform

Der Autor wählt mit dem Erzähler auch eine bestimmte Erzählform (Er-/Sie-Erzähler oder Ich-Erzähler).

Erzählverhalten

Beim **auktorialen** Erzählverhalten hat der Erzähler einen Überblick über das Geschehen und das Innere der Figuren (allwissender Erzähler). Er kann sich einmischen, kommentieren usw. und damit die Sicht- und Wahrnehmungsweise des Erzählten durch den Leser lenken. Sein Standort liegt außerhalb des Geschehens.
Beim **personalen** Erzählverhalten übernimmt der Erzähler eine Figurenperspektive und erzählt aus deren Sicht. Er ist am Geschehen unmittelbar beteiligt.
Sowohl der Er-/Sie-Erzähler als auch der Ich-Erzähler können jeweils auktorial oder personal erzählen.
Beim **neutralen** Erzählverhalten scheint der Erzähler ganz zu verschwinden. Das Geschehen wird dem Leser scheinbar unvermittelt vor Augen gestellt.

Erzählperspektive

Die Erzählperspektive ist die Position des Erzählers (Blickwinkel) gegenüber den von ihm erzählten Geschehnissen (Nähe, Abstand/Distanz). Diese können aus der Innen- oder Außenperspektive erzählt werden.

Erzählhaltung

Die Erzählhaltung ist die Einstellung, mit der der Erzähler dem Leser die fiktionale Welt vermittelt (sachlich, ironisch, humorvoll, kritisch, melancholisch, ...).
Diese wirkt sich auf die Art der Darstellung und die Sprachverwendung aus.

Darstellungsformen

Der Erzähler verfügt über unterschiedliche Darstellungsformen, um dem Leser das Geschehen zu präsentieren. Er kann selbst erzählen, oder aber er lässt seine Figuren sprechen, z. B. in direkter oder indirekter Rede, in „Erlebter Rede“ oder „Innerem Monolog“.

Erzähler	Figuren (Personen)
Bericht: straffe, geraffte Darstellung der Handlung in zeitlicher Abfolge	**Direkte Rede**
Beschreibung: anschauliche Darstellung z. B. von Schauplätzen, Figuren, Gegenständen	**Indirekte Rede**
Szenische Darstellung: breite Erzählweise, meistens mit erzählter Figurenrede und Entfaltung der Situation (vgl. Szene im Drama)	**Erlebte Rede:** Wiedergabe von Gedanken und Gefühlen einer Figur in der 3. Person (ohne direkte oder indirekte Rede)
Kommentar: Eingreifen des Erzählers mit Bemerkungen, Urteilen oder Überlegungen	**Innerer Monolog:** Wiedergabe von Gedanken und Gefühlen einer Figur in der 1. Person

Arbeitsschritte Interpretationsaufsatz

1. Arbeitsschritt:
Erstes Textverständnis/
Verstehenshypothese formulieren

↓

2. Arbeitsschritt:
Text aspektorientiert erschließen

↓

3. Arbeitsschritt:
These(n) zur Textdeutung formulieren

↓

4. Arbeitsschritt:
Gliederung erstellen

↓

5. Arbeitsschritt:
Klausur schreiben

↓

6. Arbeitsschritt:
Klausur überarbeiten

Spickzettel

zum Klausurtraining „Hiob“

Prüfungsaufgaben

- Anforderungen

„Hiob“ – Wichtiges in aller Kürze

Analyse epischer Texte

- Erschließungsaspekte Epik
- Fachbegriffe Epik
- Arbeitsschritte Interpretationsaufsatz

Anforderungen

1 Anforderungsbereiche

Die von Ihnen erwarteten Leistungen bei der Lösung einer Prüfungsaufgabe/einer Aufgabenstellung sind in der Regel drei Anforderungsbereichen (AFB) zugeordnet.

Anforderungsbereich I (AFB I): Reproduktion

- Den Inhalt eines eher einfachen Textes oder fachlichen Sachverhalts eigenständig wiedergeben
- Textart, Aufbau und Strukturelemente eines Textes unter Verwendung fachspezifischer Begriffe (Fachbegriffe, Fachterminologie) erkennen und bestimmen
- Fachspezifische Kenntnisse und Methoden in die Darstellung einbringen
- Teilergebnisse sinnvoll ordnen und verknüpfen
- Ergebnisse sprachlich angemessen formulieren
- Richtig zitieren

Anforderungsbereich II (AFB II): Reorganisation und Transfer

- Den Inhalt eines schwierigen Textes oder Sachverhalts eigenständig zusammenfassen
- Die Struktur eines Textes erfassen
- Die Argumentation eines Textes beschreiben

Typen des Romans

Man unterscheidet die Romane teils nach Stoffen und Themen, z. B.

- Kriminalroman
- Abenteuerroman
- historischer Roman
- Künstlerroman
- Eheroman
- Bildungsroman

teils nach der Form

- Briefroman
- historischer Roman

Handlung

Der Autor gestaltet in seinem erzählenden Text einen **Stoff**, der ihm als Ausgangs- und Rohmaterial dient (geschichtlicher Stoff, Kriminalfall, Liebesgeschichte, …). Die Ereignisse „komponiert" der Autor, d. h. er verknüpft sie zu einem sinnvollen Zusammenhang mit Anfang und Ende und sich schlüssig auseinander entwickelnden Geschehnissen. Dieses durch **Komposition** gestaltete Gesamtgeschehen nennt man **Handlung**. Von den Mythen bis zu Geschichten in Filmen haben sich in der kulturellen Entwicklung bestimmte **Handlungsmuster** herausgebildet, die Autoren aufgreifen und umgestalten (Liebestragödie, Rettung der Welt von dem Bösen, abenteuerliche Reise des Helden, Figuren in Konflikten, Road Movie, …). Sie hängen eng mit den verschiedenen **Erzählgenres** zusammen.

Man kann unterscheiden zwischen

- **Haupthandlung und Nebenhandlung(en)**,
- **Rahmen- und Binnenhandlung**
- **äußerer Handlung** (äußere Ereignisse) **und innerer Handlung** (Inneres der Figuren)

Die Handlung kann strukturiert sein:

- durch die zeitliche Abfolge der Ereignisse (z. B. synchron – diachron; kontinuierlich – diskontinuierlich)

Fachbegriffe Epik

Erzähler

Der Erzähler in epischen Texten ist nicht mit dem Autor identisch. Vielmehr „erfindet" oder „wählt" der Autor den Erzähler (die Erzählerfigur, die Erzählform), der gleichsam zwischen Autor und Lesern vermittelt und den Lesen die „erzählte Welt", die fiktive Geschichte mit ihren Figuren, dem Raum und der Zeit, der Handlung präsentiert. Die Präsenz und Aktivität der Erzählerrolle hängt eng zusammen mit der **Erzählstrategie**, d. h. der bewussten Verwendung der verschiedenen Gestaltungsmittel und Techniken des Erzählens.

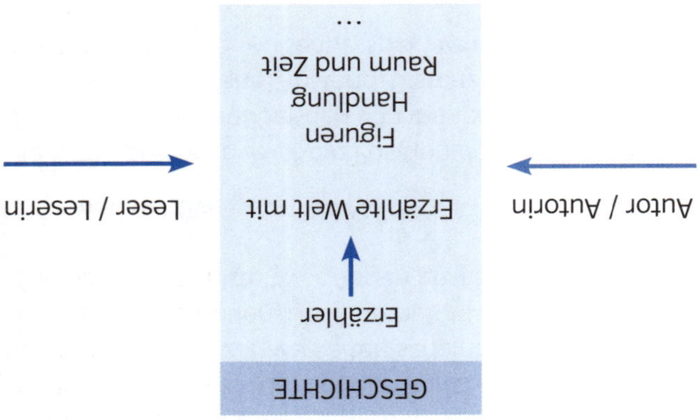

Merkmale des Romans

- eine erzählende Großform von mindestens hundert bis zu mehreren hundert Seiten, also wesentlich umfangreicher als epische Kleinformen wie z. B. Kurzgeschichte, Kalendergeschichte, Parabel, Novelle usw.
- meistens „mehrsträngige“ **Handlung**, also mehrere, miteinander verflochtene Erzählstränge mit verschiedenen Schauplätzen und Zeiten
- reichhaltiges und meist durch vielfältige Beziehungen (z. B. Liebe, Neid, Eifersucht, Hass, Rachedurst, Hilfsbereitschaft, …) miteinander verknüpfte **Figuren**
- **Figurenkonstellation** oft gekennzeichnet durch Grundmuster wie z. B. den „Helden“ oder die „Mittelpunktsfigur“, „Spieler und Gegenspieler“ oder ein „Dreiecksverhältnis“
- Entfaltung eines **breiten Wirklichkeitsausschnitts**, z. B. einer bestimmten geschichtlich-gesellschaftlichen Situation, die sich in den Beziehungen der Figuren spiegelt

- Wortschatz, Satzbau und poetische Mittel eines Textes auf ihre Funktion und Wirkung hin untersuchen
- Aus dem Unterricht bekannte gestalterische Verfahren funktionsgerecht verwenden
- Aus dem Unterricht bekannte Untersuchungsmethoden auf vergleichbare neue Gegenstände anwenden
- Für eine literarische Epoche charakteristische Erscheinungen in einem Text aufzeigen

Anforderungsbereich III (AFB III) : Reflexion und Problemlösung

- Intentionen und Wirkungsmöglichkeiten eines Textes ermitteln und beurteilen
- Die in einem Text vertretene Position in umfassendere theoretische Zusammenhänge einordnen
- Aus den Ergebnissen einer Textanalyse Schlüsse ziehen
- Bei gestalterischen Aufgaben selbständige und zugleich textangemessene Lösungen erarbeiten
- Die eigene Gestaltung reflektieren, erläutern und begründen
- Fachspezifische Sachverhalte begründet werten und einen Standpunkt argumentativ vertreten
- Hypothesen aufstellen und überprüfen
- Eine eigene Konzeption für die Bearbeitung einer komplexen Aufgabe entwickeln

Erschließungsaspekte Epik

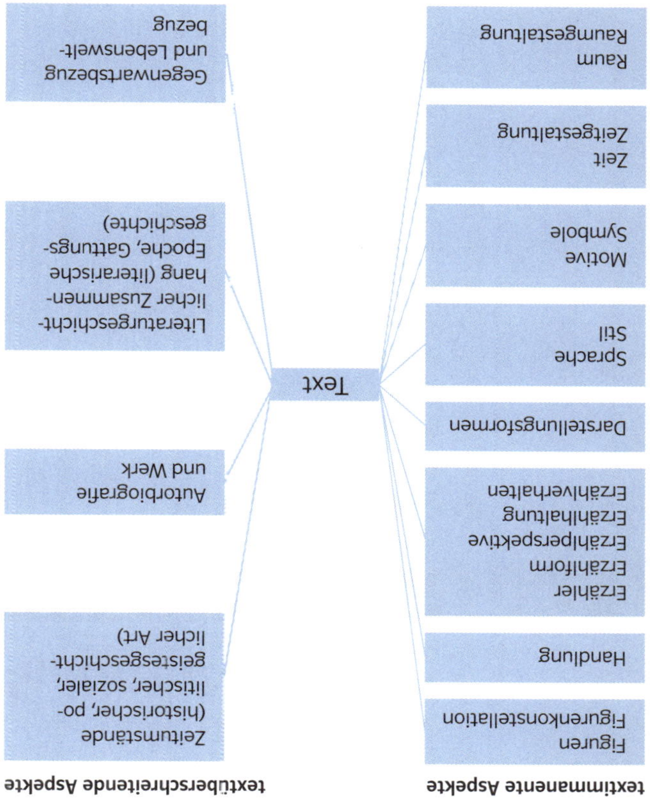

- durch die Handlungsstränge (einsträngig/linear – mehrsträngig, verflochten)
- durch ein oder mehrere Motive (wiederkehrende thematische Elemente)
- andere erkennbare formale Strukturen (Spiegelungen, Kreisform, Simultaneität, montagehaft, multiperspektivisch, …)

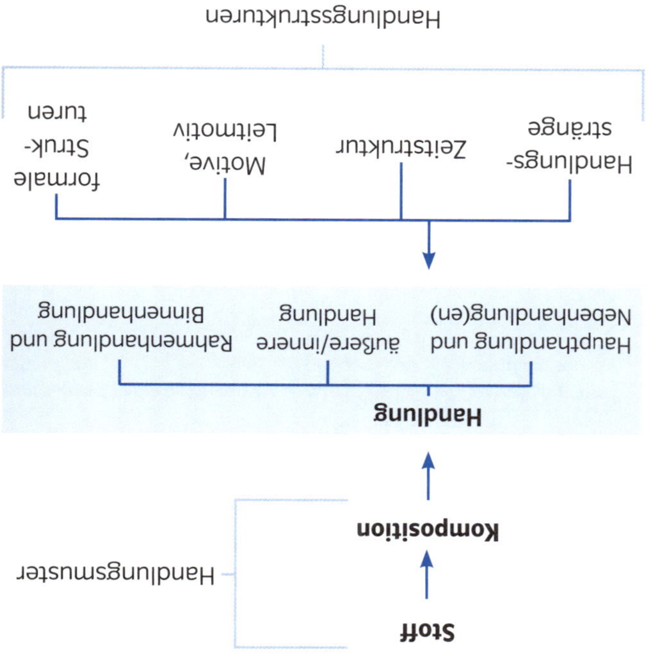

Figuren

Der Erzähler kann seine Figuren (Personen) auf vielfältige Weise gestalten, er kann sie z. B. **direkt** charakterisieren (beschreibend oder wertend) oder eine Figur eine andere (direkt) charakterisieren lassen; er kann sie auch **indirekt** charakterisieren, so dass sich der Leser/die Leserin aus dem Verhalten und den Äußerungen der Figur selbst ein Bild von dessen Charakter machen muss. Der Gestaltung einer Figur liegt eine bestimmte **Figurenkonzeption** zugrunde: Figuren können gestaltet sein als Typen, individuelle Charaktere, statisch oder dynamisch (Entwicklung) etc.

direktes Charakterisieren einer Figur	durch den Erzähler durch eine andere Figur durch die Figur selbst
indirektes Charakterisieren einer Figur	durch die Art der Darstellung, aus der der Leser Rückschlüsse auf Eigenschaften etc. der Figur zieht

Aspekte der Charakterisierung können sein:

das äußere Erscheinungsbild	Alter, Aussehen, Kleidung, …
das äußere Verhalten	Sprechweise, Mimik und Gestik, Gebärdensprache, Handeln, …
die innere Einstellung	Interessen, Absichten, Gedanken, Gefühle, …
die Lebensumstände	das gesellschaftliche Umfeld, Beruf, ökonomische Lage, …

Spickzettel

zum Klausurtraining „Hiob“

Analyse epischer Texte

Spickzettel

zum Klausurtraining „Hiob“

„Hiob“ – Wichtiges in aller Kürze

Epische Genres

Der Autor wählt mit dem Erzähler auch die epische Form oder die **Erzählgattung**, in der er das Geschehen präsentieren will, z. B.

- Roman
- Novelle
- Parabel
- Kurzgeschichte

Diese Formen unterscheiden sich nach Länge, Struktur, typischer Thematik und epochenspezifischer Verbreitung. So entstand z. B. der Typ des „Bildungsromans“ im 18. Jahrhundert, die Novelle hatte im 19. Jahrhundert (Realismus) einen Höhepunkt, die Kurzgeschichte wurde in Deutschland erst nach dem 2. Weltkrieg verbreitet.

Wichtiges in aller Kürze – Joseph Roth „Hiob“

Joseph Roth erzählt in seinem Roman „Hiob“ (1930) die Geschichte eines „einfachen Mannes“ (Untertitel), des frommen Juden Mendel Singer, der in der Zeit vor dem ersten Weltkrieg mit seiner Frau Deborah, seinen drei Söhnen und seiner Tochter in einem Schtetl (jüdische Siedlung) in der Ukraine lebt. Die Familie leidet unter dem Schicksal des jüngsten Sohnes, Menuchim, der körperlich und geistig behindert ist und zusätzlich unter epileptischen Anfällen leidet. Ein Rabbi (jüdischer Gelehrter) sagt aber diesem Menuchim eine große Zukunft voraus. Weil Mendel Singer seine Tochter Mirjam, die sich mit russischen Kosaken einlässt, schützen will, entschließt er sich, mit seiner Familie seinem zweiten Sohn Schemarjah nach Amerika zu folgen. Allerdings muss er dazu den behinderten Menuchim bei einer Pflegefamilie zurücklassen. Weitere Schicksalsschläge folgen; am Ende aber trifft Menuchim – mittlerweile erwachsen und ein berühmter Musiker – seinen Vater in New York. Hier kommt es zu einem überaus glücklichen, märchenhaften Ende.

Themen des Romans

Roth thematisiert hier Geschichte, Lebensweise im Schtetl und Schicksal einer ostjüdischen Familie zu Beginn des 20. Jahrhunderts. Mit der Auswanderung nach Amerika rückt der amerikanische Traum, das (scheinbar) gelobte Land ins Zentrum der Betrachtung. Behandelt

Raum/Raumgestaltung

Der Erzähler kann den Schauplatz oder „Raum“ der Handlung gestalten, je nachdem, welche Bedeutung und Funktion er haben soll. Man kann Grundfunktionen der Schauplatzgestaltung unterscheiden:

Schauplatz, Ort	der Schauplatz der Handlung an sich kann bedeutungskonstituierend sein (Innenraum, öffentlicher Raum, Außenwelt, …); die einfache Beschreibung des Ortes kann bereits Aufschluss über Figurenkonstellationen oder Handlungszusammenhänge geben
Ambiente	die soziale Umwelt als Ausdruck des gesellschaftlichen Lebensstils einer Figur; Widerspiegelung der gesellschaftlichen Umwelt der Figur, z. B. bei Kleidung, Wohnung, Haltung, …
Soziales Milieu	die soziale Umwelt in ihrer Funktion als kausal-determinierendes Milieu, das die Figur in ihrem Denken, Fühlen, Handeln, Sprechen prägt
Stimmungsraum	die Unterstreichung des Gemütszustandes einer Figur durch eine bestimmte Atmosphäre, z. B. Gewitterschwüle (kurz vor einer emotionalen Eruption der Figur), Sonnenschein (Heiterkeit und Gelassenheit der Figur), Regen (Traurigkeit der Figur)
Symbolischer Raum	die Verdichtung der gesamten Thematik, z. B. eines Romans, in anschaulichen, bedeutsamen Bildern (Symbolen) mit Verweisfunktion

Erzähler

Die Handlung ist traditionell linear erzählt, zumeist von einem auktorialen Erzähler, der dem Leser vereinzelt die Innensicht in die Personen erlaubt. Der Erzähler nutzt vielfach das Mittel der Kontrastierung, um Situationen klar zu konturieren. Erzählt ist zumeist in einfachen, parataktischen Sätzen.

Literarische Bezüge/Themen

- Der Titel des Romans verweist auf das Buch „Hiob“ im Alten Testament. Damit steht die Frage nach und der Umgang mit dem Leid des Menschen im Zentrum. Dieser Leiderfahrung muss sich sowohl der alttestamentliche Hiob wie auch der moderne Hiob – Mendel Singer – stellen; sie ist ein Menschheitsthema.
- Durch die märchenhaften Züge des Romans, vor allem am Ende der Handlung wird das geschilderte Geschehen überzeitlich und weist symbolisch über sich hinaus. Die religiöse Errettung am Ende wird mit dem Märchenhaften verbunden.

Figurenkonstellation

Der Erzähler plant auch die Beziehungen zwischen den Figuren sorgfältig, so dass man diese in einem Figurenkonstellationsschema abbilden kann. Es gibt **Haupt- und Nebenfiguren**. Dabei kommen Grundkonstellationen immer wieder vor:

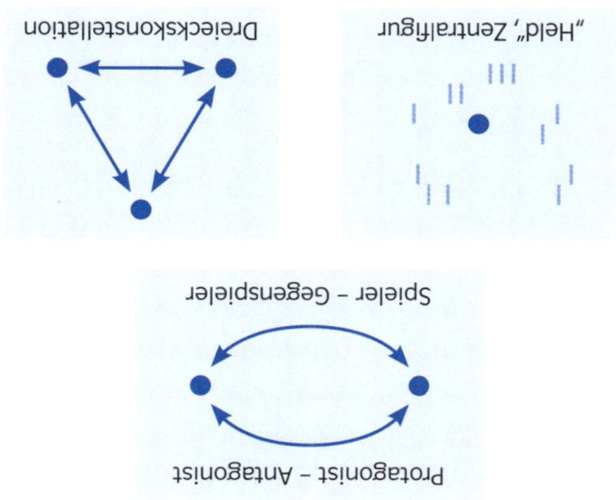

wird damit auch die für das Schicksal der Juden typische Suche nach Heimat – das Ringen mit der Heimatlosigkeit. Schließlich legt schon der Titel des Romans „Hiob" nahe, Bezüge zwischen dem Protagonisten Mendel Singer und dem biblischen Hiob aus dem gleichnamigen Buch des Alten Testaments zu suchen.

Aufbau des Romans

Der Roman ist in zwei Teile gegliedert und innerhalb dieser zwei Teile in Kapitel unterteilt. Die Geschichte ist chronologisch erzählt. Die beiden Teile stehen für die beiden zentralen Handlungsorte:
Der erste Teil spielt von Mitte der 90er Jahre des 19. Jahrhunderts bis kurz vor dem ersten Weltkrieg in dem russischen Schtetl Zuchnow, in dem die Familie Singer wohnt.
Im zweiten Teil, der die Zeit vor bis nach dem ersten Weltkrieg umfasst, steht der Aufenthalt der (Teil)-Familie in New York im Zentrum.

Zentrale Figuren des Romans

Das Figurenensemble des Romans ist übersichtlich und lässt sich zentrieren auf die Angehörigen der Familie Singer. Von dieser Familie steht der Vater, Mendel Singer, eindeutig im Zentrum. Titel und Untertitel des Romans legen das bereits nahe. Die anderen Familienmitglieder werden zumeist in Bezug zu ihm in die Handlung einbezogen. Die einzelnen Figuren sind in ihrem Charakter klar konturiert:

- Der orthodoxe Jude Mendel, der sein Schicksal gottgegeben annimmt.
- Mendels Frau Deborah – Gegenspielerin Mendels – wendet sich gegen die schicksalhafte Bestimmung.
- Die beiden ältesten Söhne (Jonas wird russischer Soldat, Schemarjah Kaufmann in Amerika) stellen sich gegen die jüdische Tradition.
- Das Leben der Tochter Mirjam ist von sexuellen Ausschweifungen bestimmt.
- Der behinderte Menuchim bringt schicksalsmäßig die zunächst noch heile Welt in Unordnung; am Ende ist er für Mendel der tröstende Erlöser.

Orte der Handlung

Die beiden benannten Lebensräume (Schtetl – Amerika) sind kontrastiv gestaltet; in beiden findet Mendel letztlich keine Heimat.

- Das Schtetl ist die kleine, vertraute, extrem kärgliche jüdische Welt, die sozial, privat und religiös zunächst Heimat zu bieten scheint, sich aber auf fremdem, „bodenlosen" Gebiet befindet.
- Der Traum von Amerika wird für Mendel schließlich zum (privaten, sozialen und religiösen) Trauma.
- Versöhnt wird Mendel am Ende durch Menuchim in einer märchenhaft himmlischen Welt.

Zeit/Zeitgestaltung

Der Erzähler kann die Zeit unterschiedlich gestalten. Dabei ist zu unterscheiden zwischen **erzählter Zeit**, also der Zeit, über die sich das erzählte Geschehen erstreckt, und der **Erzählzeit**, also der Zeit, die man zum Erzählen oder Vortragen bzw. zum Lesen braucht.
Der Erzähler kann die erzählte Zeit raffen (**Zeitraffung**), dehnen (**Zeitdehnung**) oder Deckungsgleichheit zwischen Erzählzeit und erzählter Zeit herstellen (**Zeitdeckung**).
Er kann auch zeitneutral erzählen (z.B. beim Beschreiben oder beim Erzählerkommentar), er kann in der Zeit springen (Zeitsprung), er kann zurückspringen (Rückblende) oder auf Künftiges vorausdeuten (Vorausdeutung).
Mit der Art der erzählerischen Zeitbehandlung korrelieren die Darstellungsformen. So wird z.B. im Erzählerbericht das Geschehen gerafft, die Erzählzeit ist also kürzer als die erzählte Zeit. Bei der szenischen Darstellung entsprechen sich in der Regel Erzählzeit und erzählte Zeit, es herrscht also Zeitdeckung. Zeitdehnung kann z.B. bei langen Figurenmonologen (z.B. beim Inneren Monolog) vorkommen.
Wenn man, z.B. in einem Roman, Erzählzeit und erzählte Zeit in Zusammenhang bringt, bekommt man eine „Erzählkurve", die die Zeitgestaltung anzeigt.

erzählte Zeit	Erzählzeit
Der Zeitraum, über den sich das erzählte Geschehen erstreckt, markiert durch Anfang und Ende der Geschichte	Die Zeit, die man zum Erzählen oder Vortragen bzw. zum Lesen der erzählten Geschichte braucht

Zeitgestaltung	Darbietungsform	Verhältnis von Erzählzeit und erzählter Zeit
Zeitraffendes Erzählen	Erzählerbericht	Erzählzeit < erzählte Zeit
Zeitdeckendes Erzählen	Szenische Darstellung	Erzählzeit = erzählte Zeit
	Erzählerkommentar, Erzählerreflexion	Erzählzeit - - -
Zeitdehnendes Erzählen	Innerer Monolog, Bewusstseinsstrom	Erzählzeit > erzählte Zeit